EVROPA

GERHARD L. DURLACHER

Wunderbare Menschen

Geschichten aus der Freiheit

Aus dem Niederländischen
übersetzt von
Maria Csollány

Europäische Verlagsanstalt

Die niederländische Originalausgabe erschien 1993 unter dem Titel »Quarantaine« bei J. M. Meulenhoff B.V., Amsterdam.

Die deutsche Ausgabe wurde ermöglicht durch die freundliche Unterstützung des Nederlands Literair Produktie- en Vertalingenfonds, Amsterdam.

Die Deutsche Bibliothek – CIP-Einheitsaufnahme

Durlacher, Gerhard L.:
Wunderbare Menschen : Geschichten
aus der Freiheit / Gerhard L. Durlacher.
[Aus dem Niederländ. übers. von Maria Csollány].–
Hamburg : Europäische Verlagsanstalt, 1998
Einheitssacht. : Quarantäne <dt.>
ISBN 3-434-50425-7

Umschlaggestaltung: Groothuis+Malsy, Bremen
unter Verwendung eines Motivs von Marc Chagall
Signet: Dorothee Wallner nach Caspar Neher »Europa« (1945)
Herstellung: Das Herstellungsbüro, Hamburg
Satz: KELLS Text- und Verlagsbüro, Marburg
Druck und Bindung: Clausen & Bosse, Leck
Printed in Germany

Inhalt

Gabel

Mit zitternden Fingern versucht er, die steifen Vorderhälften des Frackhemdes zuzuknöpfen. Schweißtröpfchen laufen über seine gerötete Stirn. Das Summen der Tonleitern hört plötzlich auf, und Vater ruft den Namen meiner Mutter, befehlend, aber mit einem Unterton der Hilfsbedürftigkeit. Sie erscheint auf der Schwelle des Schlafzimmers. Der Reißverschluß ihres schwarzen Abendkleids aus Crêpe de Chine, das sie lange vor unserer Flucht in die Niederlande in Baden-Baden unter seinen und meinen kritischen Blicken gekauft hat, ist noch offen. Geschickt knöpft sie ihm das Frackhemd zu, nur das Kragenknöpfchen leistet Widerstand.

Vater murmelt aufgeregt, mit einem so engen Kragen könne er nicht singen. Nervös zerrt er daran herum. Die steife Kragenleiste springt wie eine Feder auf. Seine Aufregung steigt. »Meine Stimme ist weg; ich bringe keinen Ton heraus; ich kann nicht auftreten; ruf an, daß ich nicht komme; ich fühle mich nicht wohl; ich glaube, ich habe Fieber.« Mutter versucht ihn zu beschwichtigen. Feiner, der routinierte Theatermann, lacht spöttisch und nennt ihn einen Angeber, aber

Fleischmann, ebenfalls Schauspieler, bietet einen Flachmann mit Cognac an. »Nichts als Lampenfieber, Arthur. Du hast schon so lange nicht mehr auf der Bühne gestanden. Du wirst sehen, es verschwindet, sobald wir unterwegs sind. Nimm ein paar Schlucke. Du wirst singen wie Gigli.« Vater widerspricht brummend, wird aber doch etwas ruhiger. Als Mutter den widerspenstischen Kragen schließt und die weiße Fliege bindet, läßt er es ohne Murren zu.

Alle sieben stehen wir in der atmenden Stille und warten auf das Klingeln der Türglocke. Ich habe das Hanfseil, mit dem man das Schloß an der Haustür aufziehen kann, schon in der Hand. Der Taxifahrer ist zwar spät, aber wenn er kommt, stehen wir bereit. Das Taxameter tickt unterdessen weiter, und die Fahrpreise sind sowieso hoch genug, meint Vater.

In dunklen Überziehern, den Hut auf dem Kopf, stehen die Männer an dem Treppengeländer. Weißseidene Schals um den Hals geschlungen, den Kehlkopf vor der kühlen Nachtluft zu schützen, und um den schon ein wenig abgewetzten Paletots, wie der aus Wien gebürtige Hans Fleischmann die langen Mäntel nennt, mehr Eleganz zu verleihen.

Der kleine untersetzte Feiner schnaubt verärgert und trommelt auf dem Geländer. Fleischmann sieht ihn mit hochgezogenen Brauen und ironischem Grinsen an und zwinkert Fifi zu, die mit Vater und den anderen Sängern und Musikern wochenlang in unserem Musikzimmer geprobt hat. Seit Monaten verehre ich sie insgeheim und bin eifersüchtig auf die vielen Männer, die sie auf Händen tragen. Mit ihrem langen schwarzen Haar, den roten Lippen, dem aufreizenden Lächeln und der gertenschlanken Figur ist sie für mich, ein zehnjähriges Dickerchen, *die Frau.*

Hans Fleischmann, der schon länger mit ihr befreundet ist, hat sie zu einer Abendprobe mitgebracht. Sie schien nur für ihn Augen zu haben, war aber auch sehr freundlich zu den anderen Männern. Manchmal sah Mutter sie prüfend von der Seite an, als überlegte sie, ob sie sie ebenfalls nett fände. Fifis Vater, der Kinomagnat von Rotterdam, hat das Arenatheater für das Benefizkonzert zur Verfügung gestellt.

Nach mühseligen Verhandlungen mit den Behörden hatten hundertneunzig jüdische Flüchtlinge aus Deutschland, die sechs Wochen lang an Bord des Passagierdampfers St. Louis auf dem Ozean herumgeirrt waren, Asyl in den Niederlanden erhalten. Sie waren in einem feuchten und zugigen Schlachthof in Heyplaat untergebracht worden, und später, nach heftigem Protest der Ärzte, im baufälligen Holland-Amerika-Hotel am Rotterdamer Hafen. Fifi hatte die erbärmliche Behausung und den elenden Zustand der Menschen mit eigenen Augen gesehen. Gemeinsam mit einigen Varietékünstlern gab sie eine Kabarettvorstellung, um die Flüchtlinge aufzumuntern. Der Erfolg war genauso mager wie die Gesichter und Körper der mittellosen Emigranten. Hier war Geld vonnöten, Essen, Kleidung; Familien, die ihnen ihr Haus öffneten, ihnen Wärme und Behaglichkeit boten und sie von dem Gefühl befreiten, Aussätzige der Gesellschaft zu sein.

Die Platte unseres Eßzimmertisches ist in jenem Sommer und Herbst ständig ausgezogen. Unbekannte Münder kauen und reden unter dem Schein der mit Seide bezogenen Hängelampe, die wie ein riesiger Regenschirm über den dampfenden Schüsseln und aufgefüllten Tellern schwebt. Allmählich werden uns die Züge der Gäste vertrauter, und ihre Nachnamen werden durch die Vornamen ersetzt.

Heinz Gabel, ein junger Jurist aus Berlin, mit freundlichen blauen Augen und so hellem, blondem Haar, als hätte es die Sommersonne im »Arbeitsdienst« gebleicht, Beate, seine schöne, ebenfalls blonde Frau und ihr einjähriges Söhnchen Gerhard werden Teil unserer Familie. Meine Eltern bekommen im Umgang mit ihnen etwas Fürsorgliches. Beate hilft oft in der Küche beim Zubereiten der Mahlzeiten, während Mutter das Kind mit Gemüse- oder Früchtebrei zu füttern versucht, ohne ihr Kleid oder das Tischtuch zu bekleckern. Vater hört den Geschichten von Heinz mit einer Begier zu, die neu für mich ist. Ihre Flucht aus Deutschland, die Verzweiflung auf dem Ozean, die Furcht vor der Gestapo und den Konzentrationslagern, künden von einer bedrohlicheren Gefahr als der, die uns vor zwei Jahren zur Emigration gezwungen hat.

Dr. Petzold, auch er Jurist und Altersgenosse meines Vaters, sitzt jeden Freitagabend mit seiner Frau am Tisch und erzählt, wie sein Vater, Wochen nach der Kristallnacht, aus Buchenwald zurückgekehrt war. Kaum wiederzuerkennen, mit geschwollenem Gesicht und abgemagertem Körper, stand er vor der Haustür. Wie alle neunhundert Passagiere des Geisterschiffs hat auch Dr. Petzold Haus, Praxis und alles was ihm nach der Plünderung durch die Braunhemden an Wertvollem geblieben war, für einen Apfel und ein Ei verschleudern müssen. Was übrigblieb vom Erlös, nachdem die kubanischen Visa und die Karten für die einfache Fahrt nach Havanna bezahlt waren, verschwand in den Taschen von Nazis. Dem kubanischen Präsidenten Laredo Bru und seinen korrupten Handlangern brachten die Stempel in den durch das fette J entstellten deutschen Pässen nicht viel mehr ein als eine Extraration Zigarren und Whisky oder eine Vergnügungsfahrt zu den Spielkasinos in Miami. Dort wartete schon der Grenzschutz und versperrte den verzweifelten Flüchtlingen mit ihren wertlosen Visa den Zugang zum amerikanischen Boden.

So bringen die Gäste Abend für Abend den stechenden Atem der Wirklichkeit mit, dessen Gift in unserer komfortablen Wohnung gewaltig unterschätzt wird, denn die bitteren Erinnerungen an unsere eigene Flucht aus Deutschland waren rasch verblaßt.

Nicht einmal der Einfall in Polen am 1. September 1939 wurde zu Hause wirklich ernstgenommen. Auf die Kriegserklärungen von England, Frankreich und den anderen Ländern reagierte Vater sorglos: »Jetzt hat Hitler den Bogen überspannt. Jetzt kann es nicht mehr lange dauern.« Die hoffnungsfrohen Erwartungen schwinden mit den rauhen deutschen Stimmen des »Nachrichtendienstes« aus dem Radio und den erschütternden Geschichten unserer Gäste daheim. Vaters Stimmung verdüstert sich zusehends, er wird noch strenger mit mir. Sogar den Hund behandelt er schroff.

An den Freitagabenden, die seit dem Tod meiner Großmutter selten mit Gebeten gefeiert werden, aber immer noch mit der traditionellen Festlichkeit von weißem Damast, schönem Porzellan, Hühnersuppe und geflochtenem Brot, nimmt der Gedanke eines Benefizkonzertes für die gestrandeten Schicksalsgenossen feste Gestalt an. Wer darauf gekommen ist und wer den Plan der Kampagne entwickelt hat, wußte ich nie. Meine Kinderohren haben nur Gesprächsfetzen aufgefangen.

Die Abende nach den Mahlzeiten werden mit Vorsingen und Proben verbracht. Anfangs begleitete mein Vater sich selbst und die anderen Sänger und Solisten am Flügel, aber er überträgt die Aufgabe bald Hans Lichtenstein, einem Klassenkameraden meiner Mutter aus ihrer Schulzeit in Chemnitz.

Nach der Flucht aus Deutschland, wo Lichtenstein große Orchester dirigiert hatte, übernahm er in den Niederlanden die musikalische Leitung des Fritz Hirsch-Operettentheaters. Sein herrliches Klavierspiel erweckt in mir brennenden Neid und maßlose Bewunderung, erstickt aber auch die Hoffnung, jemals selbst den Tasten solche Schönheit entlocken zu können.

An vielen Abenden füllt sich unser Musikzimmer mit Liedern und Opernfragmenten, aber auch mit Rauch und dem Duft von Kaffee und süßem Gebäck. Ausführende und Zuhörer kommen pünktlich vor oder nach der Mahlzeit, nur Fifi, Fleischmann und Feiner proben hin und wieder außer Haus mit anderen, die auch einen Beitrag zur Vorstellung liefern wollen. Allmählich hellen sich die Gesichter unserer Gäste von der St. Louis auf. Die Musik, die Geselligkeit und vor allem die Zuneigung, die man ihnen entgegenbringt, vertreiben die Sorgen für ein paar Stunden.

Die Disziplin bei den Proben wird zusehends strenger, und für langes Plaudern nach der Ankunft der Gäste ist keine Zeit mehr. Niemand beachtet mich. Lieder, Arien und Duette, die ich stückchenweise in endlosen Wiederholungen gehört habe, nehmen eine erkennbare Gestalt an. Von meinem Platz in der Küche aus, wo Mia, Mutters Haushaltshilfe, mir Leckerbissen zusteckt, die eigentlich für die Gäste bestimmt sind, lausche ich den Klängen aus dem Musikzimmer und weiß, ohne zu wissen warum, daß es gut ist und daß ich der Aufführung demnächst beiwohnen darf.

Im dunklen Kinosaal sitze ich gespannt neben meiner Mutter. Im Plüschsessel des Parterres komme ich mir winzig vor. Vor mir thront eine mollige Dame mit einem großen Hut, den sie zu meinem Verdruß auf dem Kopf behält. Ihr Begleiter mit dem pomadisierten Haar versperrt mir die Aussicht auf der anderen Seite. Die sich vermischenden Gerüche von Brillantine und Parfüm prickeln mir in der Nase.

Die weiße Filmleinwand fehlt. Auf der Bühne steht ein großer Flügel im grellen Licht der Scheinwerfer. Ein Lichtkreis hält einen Mann im Frack gefangen. Er spricht lang und undeutlich. Ich höre, daß er die St. Louis erwähnt, Namen der Menschen im Holland-Amerika-Hotel und die Namen der Künstler, darunter den meines Vaters. Mutter kneift mir aufgeregt in die Hand.

Die Gabels und andere Freunde sitzen im Saal, aber ich kann sie in der Dunkelheit nicht entdecken, auch nicht, wenn ich aufstehe. Sie haben alle, wie auch wir, Freikarten. Die Hunderte anderer Besucher, in festlicher Kleidung, die Damen mit Schmuck behängt und mit Hüten, die die Sicht versperren, haben teure Eintrittskarten kaufen müssen.

Der Pianist setzt sich auf das gepolsterte Bänkchen vor der Tastatur, ordnet den Schwalbenschwanz hinter sich, schüttelt die Hände aus den Manschetten und spielt einen Walzer von Chopin, den ich, wenn Mutter zu Hause übte, schon viele Male gehört habe. Dann kommt ein Geiger an die Reihe, danach ein Cellist, ein Sopran, zwei Soprane, ein Baß. Alle benutzen die Einbuchtung des Flügels als sichere Rückenstütze. Als mein Vater angekündigt wird, bekomme auch ich Lampenfieber. Seine ersten Töne klingen heiser, und mir wird heiß und kalt. Dann öffnet sich seine Stimme, als fiele eine Last von ihm. *Das Wandern, Das Röslein, Der Lindenbaum, Ungeduld* ... ich kenne sie alle. Sogar die düsteren Lieder von Wolf erkenne ich. Tausendmal hat er sie zu Hause gesungen, und nie habe ich sie als schön empfunden. Aber hier, in diesem Saal mit

Hunderten von begeisterten Zuhörern, ändert sich mein Urteil wie durch Zauberschlag, und ich bin stolz darauf, daß mein Vater so etwas kann.

Der Stimmensturm aufgeregter, oft dankbarer, manchmal auch kritischer Konzertbesucher legt sich ein paar Tage nach der Aufführung.

In unser Haus kehrt die Ruhe zurück. Der Eßtisch schrumpft auf seine normale Größe. Die Freitagabende werden wieder langweilig. Unsere Freunde und Gäste aus den Notunterkünften in Rotterdam sind plötzlich von Polizisten in blauer Uniform abgeführt worden an einen Ort im Norden des Landes, wo sie den Augen der Bürger entzogen sind. Auf einem unwirtlichen Gelände in der Nähe des Dorfes Westerbork steht ein halb abgerissenes Barackenlager, das 1938 und 1939 im Auftrag der niederländischen Regierung als Unterkunft für jüdische Flüchtlinge aus Deutschland errichtet wurde. Morgens finde ich oft auf der Kokosmatte Briefe mit dem Poststempel Hooghalen. Ihr Inhalt verdüstert die Stimmung.

Mein kleiner Namensvetter Gerhard ist gesund, doch seine Eltern sind verzweifelt. »Das Essen ist schlecht in diesem häßlichen Barackenlager auf der öden Drenter Heide. Die Arbeit ist schwer und ungewohnt. Hätte ich doch bloß schreinern oder mauern gelernt!« klagt Heinz, der immer saubere Fingernägel hatte. »Unsere Schuhe versinken im Schlamm und schimmeln. Dürfen wir so unbescheiden sein und euch vielleicht um Schaftstiefel bitten?« Wir teilen seine Besorgnis über die Nähe zur deutschen Grenze. Nur die materielle Not unserer Freunde können wir etwas lindern. Papierener Trost vermag ihre Angst nicht zu vertreiben.

Der Winter des Jahres 1939 ist gnadenlos. Die Schie vor unserem Haus gefriert bis zum Grund, und meine ersten tolpatschigen Versuche auf friesischen Holzschlittschuhen verpassen mir blaue Flecke. Zusammen mit Mutter besuchen wir Bekannte, um Kleidung für unsere Freunde im kalten Norden zu sammeln. Wir schleppen Pakete mit warmer Unterwäsche und Wintermänteln zum großen Postamt auf dem Coolsingel und hoffen, daß sie unversehrt ankommen. »Winterhilfe«, aber diesmal freiwillig und für Freunde, und nicht, wie früher in Deutschland, zwangsweise und für den Feind.

Die Gerüchte über »Stahlhelme« und gepanzerte Fahrzeuge, über Stukas, »Sturzkampfflugzeuge«, und Panzer, die Polen, Norwegen und Dänemark überfallen, muten unwirklich an wie ein fernes Gewitter. Holland ist uneinnehmbar, die »Waterlinie«, die Verteidigungslinie der niederländischen Armee, ist unsere Sicherheitsgarantie. Es besteht kein Grund zur Panik, und für das Lager Westerbork gibt es einen Evakuierungsplan, sollte sich im Norden etwas ereignen. Trotz alledem klingt aus den Briefen der Gabels und vieler anderer Freunde die zitternde Stimme der Verzweiflung.

Am 10. Mai 1940 zerreißt ein Blitz alle Illusionen. Aus dem Himmel über Rotterdam schweben graue Pilze herab. An ihrem Stiel hängen Barbaren mit Stahlhelmen. Der Lauf ihrer Maschinengewehre speit tödliche Projektile, die die überrumpelten Zuschauer und unerfahrenen Soldaten treffen. Aus den Bäuchen der Flugzeuge regnet es unablässig Fallschirmspringer. Auf der Straße jenseits der Schie liegen einige von ihnen reglos auf dem Pflaster, bedeckt mit einem Leichentuch aus flatternder Seide.

Manchmal übertönt das Kreischen eines abstürzenden Flugzeugs die belfernden Abwehrgeschütze. Ein Komet mit schwarzem Schwanz bohrt sich in den sumpfigen Polderboden hinter der Rotte, wo das Klubhaus der Pfadfinder steht. Der dröhnende Einschlag erschüttert Fensterscheiben und Fußböden. Rauch verfinstert den Horizont. Der rasende Wunsch, den Feind möge es erwischt haben, verdrängt für einen Augenblick meine Todesangst.

In vier Maitagen lernen wir, was Krieg bedeutet. Wir können Gewehrfeuer von Maschinengewehr- und Granatenfeuer unterscheiden. Wir unterscheiden Heinkel-Bomber und Stukas an ihrem Geräusch und hören, ob sie im Anflug sind oder sich entfernen. Im Haus suchen wir nach schützenden Stellen gegen Bombensplitter und versuchen, in meinem Schulatlas einen Fluchtweg zur Küste zu finden.

Die Straßen sind wie ausgestorben. Die Bürger zähmen ihre Neugierde, und die Soldaten suchen geschützte Stellungen auf. Drohende Stille wird von Scharmützeln unterbrochen, die die Luft zerreißen. Bleich sehen wir einander an. Furcht schnürt uns die Kehle zu.

Der fünfte Tag ist der Tag des Schreckens. Was wir gelernt haben erweist sich als nutzlos. Das Herz von Rotterdam wird erbarmungslos herausgerissen. Die Stadt, die uns drei Jahre lang Sicherheit und Gastfreundschaft gewährt hat, verwandelt sich in einen brennenden Schutthaufen. Unser Haus tanzt auf den Grundpfählen. Die Mauern reißen. Steine und Glasscherben fliegen umher wie Papierschnitzel in einem Sturm. Bomber brummen über unseren Köpfen und erbrechen ihre tödliche Ladung über der Stadt. Im Chaos des dröhnenden Wütens gehen die Schreie und Klagen der Menschen unter.

Abrupt endet der höllische Lärm. Wehklagen aus der Nähe und Ferne wird hörbar. Der Bombenangriff ist vorüber. Der Krieg hat sich breitgemacht.

Den Poststempel Hooghalen gibt es nicht mehr. Der Bahnsteig des Dorfes ist zu kurz für die lange Reihe der Waggons. Die meisten Häftlinge müssen von den hohen Trittbrettern vor den altmodischen Einzelabteilen den Sprung auf den Boden wagen. Alte Leute zögern ängstlich und warten auf die Hilfe des Ordnungsdienstes, jüdische Männer in derben Overalls mit Skimützen und weißen Armbinden, auf denen OD steht. Gendarmen in blauer Uniform schauen ungerührt zu. Ein einziger streckt die Hand aus, um einem Kind oder einer schwangeren Frau zu helfen, doch unter den mißbilligenden Blicken der beiden Feldpolizisten bleibt es bei dem einen Versuch.

Rucksäcke, Koffer und aufgerollte Decken liegen durcheinander entlang der Böschung. Die OD-Leute werden sie gleich auf Wagen ins Lager transportieren. Die Aussicht, ihr schweres Gepäck länger als eine Stunde schleppen zu müssen, schreckt viele ab. Die Mißtrauischen gehen unter ihrer Last gebückt, lassen aber nach kurzer Zeit den Mut sinken. Ihre Koffer liegen einsam neben den Geleisen.

Wie Schornsteine ragen die Deckenrollen über unseren Köpfen empor. Ich gehe zwischen meinen Eltern. Meine Tante, Fleischmann und Feiner laufen hinter uns. Ich höre, wie Feiner und meine Tante verzweifelt schimpfen. Als ich taumele, nimmt Fleischmann mir die Deckenrolle ab.

Kein Wort kommt über meine Lippen. Ich sehe mich und die Hunderte von anderen wie im Traum dahinstolpern. »Nach Frankreich zogen zwei Grenadier', die waren in Rußland gefangen«, summt es mir durch den Kopf. Ich sehe Napoleons erschöpfte Truppen auf ihrem Rückzug durch den Schnee. Der Weg vor mir ist verschwommen. Müdigkeit bringt mich aus dem Gleichgewicht. Die Gedanken wirbeln durcheinander: Rotterdam, ein Ozean aus Feuer und Schutt; Apeldoorn, eine

Fata Morgana der Ruhe; die Schule, eine Fluchtburg vor nahendem Unheil; der Alptraum der Verhaftung, die Gitter des Gefängnisses, Gestapo hinter stählernen Schreibtischen in der weißen Villa am Rand von Oosterbeek, mein Vater, der leichenblaß und schwitzend ihre barschen Fragen beantwortet, der überfüllte Zug, geschwängert von Angst, voll von summendem Leid.

Der Schlagbaum am Eingang des Lagers weist schräg zum Himmel wie ein Fallmesser, das unser Leben in zwei Teile schneidet. Erschöpft schlurfen wir über den sandigen Weg. Eine Kakophonie von Stimmen rollt uns entgegen. Befehle des Ordnungsdienstes ertrinken im Lärm. Die Gendarmen sind verschwunden, auch die Feldpolizei. Unsere Herde wird in den Kral getrieben. Männer in zerdrückten Anzügen mit unrasiertem Kinn und roten, von Schlafmangel und Tränen geschwollenen Augen suchen nach Frau und Kindern. Frauen in zerknautschten Mänteln, in durchgeschwitzten Kleidern, mit ungekämmten, strähnigen Haaren, schluchzen mit zuckenden Schultern, trösten ihre Kinder, schreien den Ehemann an. Kinder schlafen auf Deckenrollen, tummeln sich zwischen den Erwachsenen auf der Suche nach Eltern oder Verwandten. Babies mit lila angelaufenen Gesichtchen kreischen vor Hunger und Unbehagen.

Ich fürchte, in der Menschenflut zu ertrinken. Das schäbige Gepäck, das man mir zur Bewachung anvertraut hat, hält mich an dem Ort gefangen. Die Eltern suchen Hilfe und Hoffnung. Doch werden sie mich, werde ich sie wiederfinden in diesem gottverlassenen Chaos? Was soll ich tun, wenn man mich in eine Baracke scheucht, wenn ich aufs WC muß, wenn Essen ausgeteilt wird? Der Appellplatz wird voller, immer voller. Aus allen Teilen des Landes kommen die Menschen. Alle ähneln einander, ähneln uns.

Ich sehe, wie meine Eltern sich einen Weg durch das Menschendickicht bahnen. Unverrichteterdinge, vor Anstrengung und enttäuschten Erwartungen seufzend, erreichen sie den Quadratmeter, den wir als unser Revier betrachten und übellaunig gegen Eindringlinge verteidigen.

Wenn Transportnummern oder die Anfangsbuchstaben der Nachnamen durch die Lautsprecher schallen, um den Betroffenen eine Baracke zuzuweisen, versuchen kleine Gruppen, stoßend und schiebend, ihren Platz zu verlassen. Auch wir. Bürokratische Vorschriften sollen uns von unseren Hausgenossen trennen, doch wir ignorieren die Befehle.

Vor den doppelten Türen der Holzbaracke stehen Männer in Overalls hinter großen Kesseln, aus denen widerlicher Eintopfgeruch aufsteigt. Der Essensdampf vermischt sich mit dem Gestank des Kreosots, mit dem die klebrigen Planken des Gebäudes durchtränkt sind. Ekel und Hunger kämpfen miteinander. Der Hunger siegt. Wie ein Bettelmönch halte ich meinen Emaillenapf unter den Schöpflöffel und nehme einen Klacks unappetitlichen, sandigen Brei in Empfang. Meine Gabel fällt hinunter. Fremde Füße treten sie in den Schlamm. Bücken ist ausgeschlossen. Mit einem Tischmesser löffle ich meine Portion. Vater kostet das Essen und weigert sich, einen weiteren Bissen zu nehmen. Vergeblich versucht Mutter ihn zu überreden: »Du darfst hier nicht schwach werden.«

Als die Kessel verschwunden sind und die Türen aufgehen, stürzt eine wüste Flut von Hunderten von Männern und Frauen in den Saal. Mit Worten und Fäusten kämpfen sie um die eisernen, dreistöckigen Betten. Die Eroberung eines Bettes ist ein zweifelhafter Sieg, der mit Gewalt verteidigt wird, meist vergeblich. Ein Status quo nach heftigem Schimpfen: ein Bett für zwei, oder zwei Betten für fünf. Manchmal bricht das Eisengestell zusammen wie ein Kartenhaus, wenn ein sechster sein Glück versucht.

Fleischmann, Feiner, Vater und ich halten zwei Betten besetzt. Jeden, der den Versuch wagt, unsere Burg zu erstürmen, brüllt Vater mit geschulter Stentorstimme an, die den Belagerer zurückweichen läßt.

Die Nacht ist eine spärlich erleuchtete Hölle. Fluchen und Rangeln, Schnarchen und Schluchzen, schlurfende Füße und das Krachen brechender Bettplanken. Vor dem Morgengrauen dämpft Erschöpfung den Lärm. Mein Schlaf gleicht einer Ohnmacht. Als ich erwache, ist der Alptraum Wirklichkeit.

Der Tag bringt keinen Trost. Männer suchen ihre Frauen, Frauen ihre Männer. Mutter hat mit der Tante einen Schlafplatz im Frauensaal erobert, den sie bewacht wie ein Terrier. Die Baracke bleibt geschlossen. Durch die kleinen beschlagenen Scheiben spähen wir abwechselnd hinaus und sehen, wie das Meer von Schicksalsgenossen hereinflutet.

Die Erwachsenen in unserem Saal reden und schreien durcheinander. Streitigkeiten brechen aus und werden beigelegt. Gerüchte schwirren durch die Luft, aber niemand weiß, was »der Transport« bedeutet. Cardozo, mein Nachbar im dreistöckigen Bett neben dem unseren, erzählt, daß er früher, bevor die Moffen, die Deutschen, kamen, auf dem Waterlooplein Orangen verkauft hat. Er kennt alle »Portugieser« des Judenviertels und schildert voll Sehnsucht seine Welt, eine Welt, von der ich nichts weiß. Ohne Übergang beginnt er zu weinen. Tränen strömen über seine mageren, unrasierten Wangen, und schluchzend sagt er: »Sie haben den Oktober zum Schlachtmonat für uns Juden gemacht.«

Kurz darauf höre ich ihn wieder kichern, als er Grün- und Kohnwitze verzapft, die dem Gesicht des alten Mannes auf der mittleren Pritsche nur ein gutmütiges Lächeln entlocken. »Meschugger Orangenjude«, spottet Vater, doch zum Glück hört Cardozo ihn nicht.

Um ein Uhr nachts gehen die Lampen an. Ihr schwacher Schein macht die Menschen zu Schatten. Das Rufen und Trampeln schwillt an, bis eine Donnerstimme *Ruhe* befiehlt. Das Wort »Transportliste« erstickt jedes Geräusch. Das Ächzen und heftige Atmen der Männer um mich herum läßt sich nicht unterdrücken. Die Angst wird fühlbar wie bibberndes Gelee. Auch mein Vater und unsere Freunde werden davon angesteckt.

Abraham, Adler, Aronsohn, Auerbach ... hinter dem ersten Vornamen jeweils der obligatorische Name Israel. Beer, Bloch, Blumenthal ... Der gestrenge Schulleiter ruft die Schüler auf, ihr Zeugnis in Empfang zu nehmen. Der erste Name beim C lautet Cardozo. Er stößt einen schrillen Schrei aus, der in Geheul übergeht. Wir versuchen, ihn mit tröstenden Worten zu beruhigen. »Es wird schon nicht so schlimm sein, du brauchst nur zu arbeiten, vielleicht ist es dort besser als hier.« Sein verzweifelter Ausbruch verebbt zu leisem Wimmern. Mit zukkenden Schultern, schluchzend wie ein Kind, versteckt er sich unter der Decke.

Mit eiskalten Händen und pochenden Schläfen warte ich auf unseren Namen. Die Knöchel an den Händen meines Vaters sind weiß, sein Gesicht ist grau. Als das D vorüber ist, legt er eine Hand auf den Hinterkopf und flüstert hebräische Wörter. Ein Wunder ist geschehen, ich spüre es und getraue mich wieder zu atmen.

Unsere Barackengenossen schleppen Rucksäcke und Dekken, Koffer und Kleidersäcke zum Ausgang. Bejahrte Männer stehen händeringend neben ihrem Gepäck. Hilfe gibt es kaum. Zornig schleifen manche zu schwere Stücke über den schmutzigen Boden. Bis zur Tür können wir ihre Last teilen, doch hinaus dürfen wir nicht. *Lagersperre!* Der Zug der Eisenbahn bleibt unsichtbar, der Zug der Verdammten ebenfalls.

Nach dem Kreischen der Dampfpfeife des Kesselhauses gehen die Türen und Fenster der Baracken auf. Die Gerüche der Nacht wehen hinaus, Nebel und Moordünste dringen herein. In der Kälte schrumpfen unsere geschwollenen Augenlider. Fleischmann und mein Vater kämpfen sich zum Frauensaal durch auf der Suche nach Mutter und Tante. Dasselbe Drama wie bei uns. Aber auch bei ihnen ist das Wunder geschehen. Der Triumph, noch da zu sein, überwindet meinen Kummer. Fast alle atmen erleichtert auf und schweigen über die Ereignisse der Nacht.

Meine Eltern sind wieder vereint und unzertrennlicher als je zuvor. Allmählich weicht die Apathie, die der Erdrutsch in unserem Dasein zuwege gebracht hat. Wir spüren, daß die Gefahr weiterhin lauert, und wissen, daß passives Abwarten das Falsche ist. Abwechselnd bewachen wir die Betten und unsere Habseligkeiten. Zum ersten Mal sehe ich das Lager. Die großen Baracken für uns, die Neuankömmlinge, die kleinen für jene, die sich schon vor dem Krieg an den Stacheldraht gewöhnen mußten. Die Küche und das Kesselhaus, das Badehaus und die Werkstätten hinter dem Appellplatz, wo die dumpfen Hammerschläge der Schmiede und das Jaulen einer Kreissäge aus den Türöffnungen dringen.

Auf dem festgetretenen Platz stehen kleine Gruppen jener Unglücklichen, die in Razzien aus allen Winkeln des Landes zusammengetrieben wurden. Fleischmann hält einen breitgebauten Mann mit tiefgefurchtem, freundlichem Gesicht an. Er kommt aus der Werkstatt, der schwarz verschmierte Overall und die Ölstreifen auf seinem Gesicht verraten, daß er zu den Alteingesessenen gehört. Sie sprechen mit Wiener Zungenschlag, und plötzlich schütteln sie einander die Hände und Arme wie alte Kameraden. Ein »alter Lagerinsasse«, ein Mann von der St. Louis, den Fleischmann und mein Vater offensichtlich kennen, obwohl er nie an unserem Tisch gegessen hat. »Der Heinz, der Heinzl Gabel ist noch immer hier. Er hat einen Posten, bei dem er saubere Hände behält, aber ich beneide ihn nicht. Ein sauberes Gewissen kann man sich dabei kaum bewahren. Er arbeitet in der Verwaltung und hat auch mit der Zusammenstellung der Transportlisten zu tun. Ständig schauen ihm die SS und die aufgeblasenen Marionetten Schlesinger und Todtman auf die Finger. Petzold arbeitet in der Antragsstelle. Auch so ein miserables Geschäft. Ich kann meine Wut wenigstens an dem Metall auslassen, aber sie werden zu Wracks, wenn das so weitergeht.«

Die Suche nach Gabel erfordert große Ausdauer. In seiner Baracke ist er nicht. Beate arbeitet, aber niemand weiß, wo, und der kleine Gerhard ist im Kinderhort, den wir nicht finden können. Das Lager ist für uns noch ein Labyrinth. Verzweifelt bringt Mutter mich zu unserer Unterkunft zurück. Durchs Fenster sehen wir ein wenig später die Männer zurückkehren. Ihre Gesichter verraten nichts. Der Erfolg ihrer Mission ist dürftig: Sie haben Heinz gefunden, aber er konnte nicht reden. In der Verwaltungsbaracke waren Leute der NSB, der niederländischen Nationalsozialisten, damit beschäftigt, unter dem wachsamen Auge des Obersturmführers die letzten Habseligkeiten der Neuankömmlinge zu konfiszieren. Mit be-

benden Lippen erzählt Vater, wie die Sachen durchsucht wurden, wie Eheringe, Uhren, Füllfedern, Schmuck und Geld in Schachteln mit der Aufschrift Lippmann-Rosenthal verschwanden und wie Alt-Häftlinge, wie dienstfertige Sklaven, auf alten Schreibmaschinen Verzeichnisse der Beute anlegen mußten. Gabel war einer von ihnen.

Durchs Fenster hatte er sie bemerkt. Wiedererkennen huschte über sein Gesicht. Sie sahen, wie er einen Beamten etwas fragte, und ein wenig später winkte er ihnen aus einem Hintereingang zu, rasch näherzukommen. Die Verabredung war blitzschnell getroffen: »Morgen abend bei mir.« Er flüsterte seine Zimmernummer. Zermürbt und schlechtgelaunt wegen des mangelnden Schlafs, angewidert von unseren eigenen ungewaschenen Körpern, hungrig, aber vor allem durstig erwarten wir den Abend.

Die Zeit hat ihre Gestalt verloren. Kleine Streitereien schießen wie Stichflammen hoch und erlöschen wieder. Jeder von uns spürt die gespannte Schnur des Damoklesschwertes. Der Saalleiter, der dem Druck Hunderter gereizter Menschen nicht gewachsen ist, trichtert uns ein, nach der Abendglocke die Baracke nicht mehr zu verlassen. Wir leben jetzt im Reich der Werwölfe.

Heinz Gabel öffnet stumm die Tür. Erst als wir eingetreten sind, umarmt er uns, noch immer sprachlos. Beate küßt meine Mutter und mich mit Tränen in den Augen. Gerhard schläft auf einem oberen Bett. Auf dem rohen Holztisch liegt ein gebügeltes Deckchen, das ich von zu Hause her kenne. Wir sitzen auf Holzbänken. An beiden Seiten doppelstöckige Betten. Vor dem Fenster eine Gardine, die früher in unserem Badezimmer hing.

Aus ihren Gesichtern ist die Jugend vertrieben worden. Die

Hände von Heinz zittern; mit einer Hand hält er die andere fest, als ob er es verbergen wollte. Seine Augen sind rotgerändert, vielleicht aus Rührung, vielleicht vor Müdigkeit. Beates Hände, einst weich und gepflegt, sehen aus wie die einer Waschfrau.

Heinz getraut sich kaum, den Faden der Vergangenheit wieder aufzunehmen. Das Jetzt ist viel zu hart und erdrückt jede Erinnerung. Zögernd, fast flüsternd sagt er: »Ich habe euch von der Transportliste gestrichen. Gott sei Dank ist es diesmal gelungen. Ich werde es wieder versuchen, das schwöre ich, aber ich bin mir nicht sicher, ob ich an die Karteikästen herankommen kann. Vielleicht will Fried mir dabei helfen. Er weiß, daß es euch gibt. Er war auch in Rotterdam. Er ist der Leiter der Verwaltung. Unterdessen muß Petzold einen Aufschub oder eine Transportsperre für euch beantragen, obwohl das nur vorübergehend hilft.« Er wendet sich an Mutter: »Dein Vater stammt doch aus Rumänien? Sturmbannführer Aus der Fünten läßt manchmal Ausländer aus neutralen Staaten zurückstellen.« Für einen Augenblick, ganz kurz nur, ist Heinz wieder Rechtsanwalt.

Auf dem armseligen Petroleumkocher setzt Beate echten Tee auf, ein beispielloser Luxus, den meine Eltern kaum anzunehmen wagen, aber auch nicht ablehnen wollen. Das »Auf Wiedersehen« klingt ganz alltäglich. Langsam schließt Heinz die Tür hinter uns.

Im Herbst 1942 wurde die Strecke von Westerbork in Richtung Polen intensiv befahren. Zweimal, sogar dreimal in der Woche sind die Nächte in den Baracken die reine Hölle. Eine Epidemie von Herzanfällen bricht aus. Im Verwaltungsgebäude brennt Tag und Nacht das Licht. Die Bürosklaven haben keine Ruhe.

Die Anzahl der unbenutzten Betten wächst genauso schnell wie die Menge der hinterlassenen Kleidungsstücke. Mijnheer Lever, mein betagter, sanftmütiger Nachbar, schenkt mir seine Weste aus Sämischleder und sagt begütigend, daß er einen solchen Luxus ohnehin nie mehr brauchen werde.

Bei jeder Namensliste stirbt unsere Hoffnung und lebt erst morgens, nach dem Schofarblasen des Kesselhauses, wieder auf. Heinz bewirkt dort drüben wahre Wunder, doch wir ersticken jedesmal schier vor Angst.

Die Tage verrinnen mit verzweifelten Ansuchen um den Stempel mit Hakenkreuz und Adler, der für unsere Reise in die schwärzeste Nacht Aufschub bedeutet. Nach Wochen scheint das Schicksal uns gewogen. Wir bekommen eine vorläufige Sperre zugestanden. Von Endgültigkeit ist nicht die Rede, doch unser Freund, der wochenlang sein Leben für uns riskiert hat, kann mitsamt seiner Familie wieder etwas freier atmen.

Heinz, Beate und Gerhard Gabel wurden am 4. September 1944 aus Westerbork in den Osten deportiert und sind nicht zurückgekehrt.

Uns traf dieses Los schon im Januar 1944, aber ich habe überlebt und werde sie nie vergessen.

Quarantäne

Spuren des Krieges: manchmal sind sie vage wie alte Fingerabdrücke auf einem Buch, aber öfter erinnern sie an tiefe Furchen, von Raupenketten in die Erde gekerbt. Meistens wurden sie in einer fernen Vergangenheit ausgewischt, und nur die Natur erinnert sich an das Blut und die Tränen, die der Boden getrunken hat. Armando nennt die stummen Zeugen, die Bäume, die Gräser, die Hügel, eine »schuldige Landschaft«, und nur jene, die den Krieg, das *damals*, gesehen und erlebt haben, haben Zugang zu dieser Vorstellungswelt. Bei ihnen wurden die Spuren des Krieges nie völlig ausgewischt, und kleine, manchmal unbedeutende Ereignisse machen sie wieder deutlich fühlbar und sichtbar.

In der Nähe des Ortes, wo heute Astronomen weit entfernte Sternsysteme studieren, stand auf der Drenter Heide das »Durchgangslager« Westerbork. Erst zweiundzwanzig Jahre nach dem Krieg fand ich den Mut, die Provinz zu betreten. In einem abgelegenen kleinen Bauernhof, hinter den blühenden Felsenbirnenwäldern von Dwingeloo, gedachte ich zusammen mit Frau und Kindern einen ruhigen Urlaub zu verbringen.

Der Sechs-Tage-Krieg im Nahen Osten zerriß die pastorale Idylle. Mit einem kleinen Transistorradio am Ohr verfolgte ich die Kämpfe. Angstvoll, mit klopfendem Herzen hörte ich die düsteren Kommentare und fürchtete, daß Israel, der allerletzte Zufluchtsort für verfolgte Juden, untergehen könnte. Plötzlich überkam mich Beklommenheit in der schuldigen Landschaft von Drente, durch die fast drei Jahre lang jeden Dienstagmorgen eine endlose Kette backsteinroter Viehwaggons gefahren war, mit einer Fracht Tausender zum Tode verurteilter Juden.

Es ist schwer, den eigenen Geisteszustand richtig einzuschätzen, wenn man die schwachen Fundamente seiner Sicherheit durch die bedrohlichen Berichte aufgeregter Nachrichtensprecher gefährdet sieht. Ich mußte und wollte mich davon überzeugen, daß das Lager Westerbork, das länger als zwei Jahre meine Kindheit vergiftet hatte, unschädlich gemacht worden war.

Im Dorf mit dem unheilverkündenden Namen konnte ich das Wort Lager nur mit Mühe herausbringen. Unbegründete Angst, einen ehemaligen Kollaborateur anzusprechen, hielt mich davon ab, ältere Einwohner um Auskunft zu bitten, und keiner der jüngeren wußte, was ich meinte. In dem Ausflugslokal, wo wir zwischen erhitzten und fröhlichen Radwanderern die obligaten Kroketten und Pfannkuchen bestellten, bemühte sich der Wirt, das Rätsel für uns zu lösen. »Sie meinen sicher Schattenberg, das Molukkerlager?« Auf dem schmalen Asphaltweg, den ich nach vielen Fragen gefunden habe, fahre ich gespannt und in mich gekehrt. Mir fehlen die Worte. Die Landschaft kommt mir vage bekannt vor, wie ein Traum kurz nach dem Erwachen. Meine Frau und meine Töchter teilen das Schweigen. Wo keine Autos mehr fahren dürfen, steigen wir aus und gehen zu Fuß weiter. Der Kilometer scheint unendlich. Eine leichte Biegung des mit Bäumen gesäumten Weges versperrt mir die Aussicht in die Ferne.

Keine fünfzig Meter weiter bleibe ich wie zu Marmor erstarrt stehen. Im Abstand eines Steinwurfs ist ein weiß-roter Schlagbaum niedergelassen an derselben Stelle, die einst die Grenze zwischen Freiheit und Gefangenschaft markierte. Entsetzt starre ich vor mich hin. Mein Mund ist trocken wie Pergament: die Küche, das Maschinenhaus, das Badehaus, in der Ferne der Appellplatz, die Werkstätte; jeder Stein, jedes Brett schreit mir zu: verschwinde!

Links die Isolierbaracke, in der ich wochenlang mit Diphterie in Quarantäne lag, ohne zu wissen, ob meine Eltern auf Transport geschickt worden waren, und dahinter die Baracke einundvierzig, von der aus wir unsere Rucksäcke zur Verladerampe schleppten. Die Lokomotive schon unter Dampf, ein ungeduldiges Roß, das seine Fracht in den Osten transportieren will.

Ich gehe um den Schlagbaum herum. Kein Stacheldraht hält mich zurück. Ein paar molukkische Frauen schauen uns interessiert nach, sie können sich nicht vorstellen, was wir hier zu finden gedenken. Ein Stück weiter halbwüchsige Jungen, die um ein Moped stehen und Witze machen. Ein alter Mann kann seine Neugier nicht länger bezähmen und kommt herangeschlurft. Seine Frage: »Suchen Sie jemand?« bricht meine Versteinerung. Ich weiß keine passende Antwort und stelle ungewollt eine Gegenfrage: »Kommen keine Züge mehr her, heutzutage?« Verwundert sieht er mich an, schüttelt den Kopf und sagt, es lägen ja nicht einmal Gleise da.

Plötzlich dringt zu mir durch, daß das Wesentliche des Lagers Westerbork, *der Zug*, der menschenverschlingende *Zug*, verschwunden ist. Meine Beklommenheit läßt nach. Der

Fluch, der einst diesen Ort beherrschte, ist aufgehoben. Jetzt leben hier arme Menschen in verfallenen Baracken, aber sie leben, sie haben eine Zukunft und eine Chance auf Glück.

Gut zehn Jahre später, als der Sechs-Tage-Krieg schon in den Geschichtsbüchern verzeichnet stand, suchte ich mit Freunden nach den Spuren von Westerbork. Eine friedliche Graslandschaft mit Birken. In der Ferne Radioteleskope, hoffnungsvoll auf das Weltall gerichtet. Ein Denkmal: Gleise, deren Enden anklagend in den Himmel ragen.

Mit dem Nagel ihres rechten Zeigefingers tickt sie an den Glaszylinder der großen Injektionsspritze in ihrer linken Hand. Sie hält die Kanüle mit der gelben Flüssigkeit gegen das Licht des offenen Fensters und drückt leicht auf den Kolben, bis ein wenig Flüssigkeit aus der langen Nadel spritzt.

Auf ihre Bitte hin versuche ich mich umzudrehen, scheitere aber hoffnungslos. Sie steigt auf die eiserne Kante des untersten Bettes, beugt sich über mich und sticht die Nadel tief in meinen Gesäßmuskel. Der Schmerz brennt in meinem Fleisch. Ich stöhne und versuche trotz der würgenden Beengtheit tapfer zu sein, denn sie ist schön und ich verehre sie. Dr. Kuskal mit ihrem flachsblonden Haar ist unsere Nachbarin in Zimmer 9A, und ich will ihr beweisen, daß ich ein ganzer Kerl bin.

Weil ich heute morgen vor Halsschmerzen stöhnte, kaum sprechen konnte und den Strohsack naßgeschwitzt hatte, holte meine Mutter einen Arzt aus der Krankenbaracke. Der Riese in dem weißen Kittel drückte mit dem Eßlöffelstiel meine Zunge hinunter und schaute mir in den Mund. »Diphterie«, murmelte er, mehr zu sich selbst als zu mir. Meine Mutter war schon eilig zum Arbeitsappell gelaufen. Dr. Kuskal streicht mir über das erhitzte Gesicht und tröstet mich. Der Schmerz wird bald nachlassen, und auf der Krankenstation wird man gut für mich sorgen. Als sie fort ist, falle ich in bodenlosen Schlaf und werde erst wieder wach in einem Bett mit weißen Laken, in einem weißen Saal voller Menschen in weißen Hemden: im Saal der Bazillenträger.

Tagelang lebe ich in einer verschwommenen Umgebung. Dösend liege ich in meinem Bett, esse nicht, trinke aber um so mehr. Der kalte Tee lindert den Schmerz, der allmählich nachläßt. Das Leben draußen, vor den kleinen vergitterten Fenstern der Isolierbaracke, bekommt wieder Bedeutung. Ich spähe nach den Kopftüchern der Frauen und den Mützen der Männer in der Hoffnung, die meiner Eltern zu entdecken. Endlich taucht das Gesicht meiner Mutter am Fenster auf. Sie macht beruhigende Gesten, aber ihre Worte verstehe ich nicht; das Fenster darf wegen der Ansteckungsgefahr nicht geöffnet werden. Meine Gedanken kommen zur Ruhe: sie sind noch da, meine Eltern. Auch dieser Transport ist ohne sie abgefahren.

Die Genesung geht schneller voran als erwartet. Täglich schlurfe ich zum Fenster, um mit Mutter und den Freunden aus der Werkstatt in der Taubstummensprache zu reden. Ein Knastbruder voller Krankheitskeime hinter Gittern. Einmal steht Vater zwei Meter vom Fenster entfernt und winkt mir zu. Die Angst vor der Ansteckung hält ihn auf Distanz, und trotzdem scheint er noch besorgt.

Die Tage schleppen sich auf tönernen Füßen dahin. Lesefutter ist knapp. Schiller und Goethe mit zerissenen Einbänden und gotischen Buchstaben sind nicht gefragt. Um Krimis wird gelost. Über das Gesicht meines Nachbarn gleitet nie ein Lächeln. Er studiert jeden Tag in einem großen, dicken englischen Buch mit dem Titel *Modern Physics*. Er spricht mit niemandem. Viel älter als zwanzig kann er nicht sein. Seine Eltern sind auf Transport geschickt worden, aber er durfte nicht mit. Er war noch nicht bakterienfrei. Jeden Tag kämmt er sein schwarzes, glattes Haar mit einem Staubkamm. Die Angst vor Ungeziefer ist bei ihm genauso groß wie bei den Krankenschwestern. Täglich kontrollieren sie unsere Köpfe.

Die Männer in unserem Saal haben keine Beziehung zu einander. Ihre Gespräche gehen über das Essen und über andere Menschen im Lager. Das Leben außerhalb von Westerbork ist tabu; sie schweigen über ihr Heimweh und ihre unterdrückte Furcht. Lagerklatsch geht um wie Kleingeld. Politische Gerüchte sind ein vermeintlicher Halt in der Unsicherheit.

Fast niemand kümmert sich um mich. Ein Vierzehnjähriger zählt nicht für die Älteren. Mein studierender Nachbar bleibt wortkarg, ohne arrogant zu sein. Eines Morgens ist sein Bett leer, doch entlassen wurde er nicht. Die Quarantäne ist noch in Kraft. Die Älteren scheinen zu wissen, wo er ist, halten es aber vor mir geheim. Als ich die Leichenträger mit ihrer Fracht am Fenster vorbeiziehen sehe, weiß ich, was die Nacht vor mir verborgen hielt.

Die Hilfspfleger sind aufgeregt. Nicht wegen des Selbstmordes, denn er ist kein außergewöhnlicher Fall. Der Transport wurde abgeblasen. Am Dienstag wird kein Zug abfahren. Im Lager wurde Polio festgestellt. Kinderlähmung hat den Zug gelähmt. Erleichterung besiegt die Angst vor der Ansteckung. Dankbarkeit und Mitleid strömen zu den betroffenen Patienten in unserer Baracke. Die Verlängerung unserer Isolation nehmen wir ohne Murren hin. Wir werden in die Infektionsbaracken des Lazaretts verlegt.

Platzmangel macht die Säle zu Lagerhäusern. Etagenbetten

für die weniger Kranken, niedrige Betten für die ernsthaft an Polio Erkrankten. Das Herumgehen zwischen und innerhalb der Säle ist untersagt. Waschen ist ein Luxus. Vor den Toiletten stehen die Wartenden Schlange.

In der muffigen Luft der Krankensäle klingen die seltenen Bemerkungen übelgelaunt und fade. Ein Nebel des Stumpfsinns hängt über den Betten. Unsicherheit liegt auf den Gesichtern. Obwohl jeder von uns zu wissen glaubt, daß der Transport am Dienstagmorgen nicht fahren wird, ist niemand sicher.

Die Krankenschwestern sind die Gradmesser für die Stimmung außerhalb der geschlossenen Fenster. Sie ersparen uns die beunruhigenden Geschichten nicht. Auch das Schicksal ihrer eigenen Verwandten hängt von unseren wohlwollenden Viren und Bakterien ab. Denn nichts kann die Transportbefehle aus Berlin oder 's-Gravenhage ändern als einzig und allein die Besorgnis um die Gesundheit des Volkes im Dritten Reich.

Jeder Poliofall erfüllt uns mit neuer Hoffnung. Gelähmte Sprinter im Wettlauf mit der Zeit. Über meine eigenen Sorgen kann ich mit den anderen nur ganz allgemein sprechen. Außer der Angst, allein zurückzubleiben, hämmert täglich eine Frage in meinen Schläfen: ist sie noch da? Werde ich sie wiedersehen, wenn ich diesen stinkenden Raum verlassen darf?

Als das Gerücht ins Lazarett sickert, der »Dienstbereich Kabarett« sei oder werde aufgelöst, steigt meine Temperatur. Ich gerate in den Verdacht von Polio, aber bei der Untersuchung stellt sich heraus, daß mich nur ein Nervenfieber befallen hat.

Ihre dunkelbraunen Augen in dem von kastanienfarbenen Haar umkränzten Gesicht verfolgen mich in meinen heißen Phantasieträumen. Wenn am Dienstagmorgen der Gespensterzug mit tausend Menschen nach Polen abgefahren war, bedeuteten die Kabarettabende für mich den Himmel nach der Hölle. Ich sah sie mit fünf anderen Ballettmädchen auf dem Podium des Schreibsaales singen und tanzen, lachte über die Sketche von Kurt Gerron und Herman Feiner, hörte Ziegler und Rosen vierhändig Schlager auf dem alten Klavier spielen, bewunderte Jetty Cantors Geigenspiel und wieherte über die Witze von Max Ehrlich.

Doch Hannelores Auftritt erfüllte mich jedesmal mit reiner Freude, und meine Liebe aus der Ferne verdrängte das Leid und den Schrecken der Montagsnacht und des Transportmorgens. Sogar die Müdigkeit vom Schleppen der Wassereimer und Scheißkübel zu den Viehwaggons verflog, wenn sie auf der Bühne erschien.

Kein einziges Wort hatte ich je mit ihr gewechselt, keines Blickes hatte sie mich, den vierzehnjährigen Lehrbuben in der Metallwerkstatt, je gewürdigt, und – schlimmer noch – sie wußte wahrscheinlich nicht einmal, daß ich, ihr feuriger Verehrer, der immer wieder unter falschen Vorwänden und ohne Eintrittskarte in den Saal geschlichen war, überhaupt existierte.

Mit niemandem konnte ich darüber reden, denn keiner meiner Mitpatienten hatte während seines Aufenthalts in Westerbork jemals das Vorrecht genossen, das Kabarett zu besuchen, geschweige denn, Hannelore kennenzulernen.

Vater, der sich als Bühnenarbeiter eine zeitweilige Sperre verschafft und dadurch einen vorläufigen Aufschub der Deportation für sich selbst, Mutter und mich erwirkt hatte, verstand es, Max Ehrlich, dem Leiter des Kabaretts, ab und zu ein Kärtchen für Mutter oder mich abzuschmeicheln. Wenn das legale Vorgehen nicht gelang, führte ich die Saalwache hinters Licht, indem ich, in Overall und mit einem Werkzeugkasten, vorgab, Stühle und Bänke zu reparieren, eine Funktion, die ich gelegentlich wirklich ausgeübt hatte in den Tagen vor den Aufführungen des kleinen Symphonieorchesters, das bis Juli 1943 in demselben Saal eine Anzahl Konzerte gab, unter der Leitung berühmter jüdischer Berufsdirigenten und mit Solisten, die wegen ihrer nicht-arischen Gene von den niederländischen Konzertpodien vertrieben worden waren.

In stiller Anbetung schaute ich dem Auftritt der Tanzmädchen zu; ich kannte die Texte ihrer Lieder auswendig und fand, daß Hannelore ihre Rolle am charmantesten und anmutigsten spielte und daß ihre Stimme am hellsten klang. Wenn ich die Saalwache einmal nicht überlisten konnte, blieb ich während der ganzen Aufführung wie ein Wachhund vor der Tür stehen, um keinen Ton von ihr zu versäumen.

Diphterie und Quarantäne machten alledem ein Ende. Meine Entlassung aus dem Krankenbau, Wochen später, fällt zusammen mit der Wiederaufnahme des Zugverkehrs. Die Viehwaggons rollen wieder nach Plan. Auf den Podiumsbrettern des Schreibsaales wird nicht mehr getanzt und gesungen. Obersturmführer Gemmeker braucht seine Clowns nicht mehr. Die literarisch Gebildeten im Lager deklamieren aus Schillers *Don Carlos* den Satz: »Die schönen Tage in Aranjuez sind nun zu Ende.« Die Hofnarren sind verschwunden.

Noch schwankend, zitternd vor Kälte und Schwäche, in einer Außenwelt, die fremder anmutet als zuvor, schlurfe ich an den großen Baracken, an den Küchen und am Schreibsaal, am Badehaus und an den kleinen Prominentenhäusern entlang. Die Künstler sind fort, die Mädchen unauffindbar, und unsere Abreise zu unbekannten Orten steht fest.

Im schäbigen Personenzug, in dem ich mit acht Personen auf Holzbänken eng zusammengedrückt sitze, wird Hannelores Gesicht von der Filmleinwand meiner Phantasie verdrängt durch die Furcht vor dem Unbekannten, durch Müdigkeit, Hunger und Schwäche. Die Reise nach Theresienstadt dauert viele Ängste lang. Immer, wenn der Blick des Feldpolizisten in grüner Uniform, der die Gefangenen vom durchgehenden Trittbrett vor den Abteilen aus kontrolliert, mich trifft, schrumpfe ich zusammen. Was nun kommt, kann nur noch schlimmer sein, als das, was hinter mir liegt. Paradise lost?

Heute, ein halbes Menschenalter danach, weiß ich, daß Westerbork kein Paradies war, sondern ein böser Traum, der zum Alptraum wurde in den anderen Lagern mit Namen, die zum Fluch geworden sind.

Um grauenhafte und teure Erinnerungen und Phantasien webt die Zeit gleichermaßen ihre Spinnweben, doch ein kleiner Ruck, ein Wort, ein Bild oder ein Ereignis genügt, um das zarte Gespinst zu zerreißen.

Im November 1990 zeigte das Niederländische Fernsehen einen Dokumentarfilm mit dem Titel *Lager der Hoffnung und Verzweiflung,* in dem eine Anzahl von Männern und Frauen, die das Lager Westerbork überlebt hatten, zu Wort kamen. Zufällig saß ich vor dem Bildschirm und erkannte die Geschichten und Situationen von damals.

Ein Mann mit grauem Spitzbart tischte bittere Anekdoten über seine Arbeit beim Kabarett auf. Die Blütezeit und die Auflösung des Ensembles hatte er noch genau in Erinnerung. Eine Frau erzählte über ihren Auftrag, einem zu früh geborenem Baby zum Überleben zu verhelfen unter den wachsamen und interessierten Augen des SS-Kommandanten, der Kind und Eltern auf Transport schickte, sobald der Säugling sich als lebensfähig erwies.

Eine ältere Frau mit blondiertem Haar schaute lächelnd in die Kamera und sprach, scheinbar ungerührt, über ihre wundersame Errettung. Beim Abspann stellte sich heraus, daß das, was der Bildschirm zeigte, nur ein Bruchteil der Interviews gewesen war. Willy Lindwer, der Filmemacher, hatte die vollständigen Gespräche, mit Fotos ergänzt, in einem Buch mit demselben Titel wie der Film herausgegeben. In jener Nacht ließen die Bilder mir keine Ruhe, und am nächsten Morgen eilte ich in die Buchhandlung und blätterte wie gehetzt in dem Buch.

Viele Abbildungen kannte ich schon aus den Schriften von Van Presser und De Jong. Damals, vor Jahren, hatte ich kaum hinzusehen gewagt. Die Verdrängung der unerträglichen Vergangenheit gelang mir zu jener Zeit etwas leichter. Doch jetzt sind die Bilder zu Suchbildern nach Toten und Überlebenden geworden und halten meine Aufmerksamkeit gefangen.

Ich vergesse das Geschäft um mich herum. Die Geräusche des Lagers brausen mir in den Ohren, der saure Gestank der vollgepackten Baracke prickelt mir in der Nase, und die Spannung treibt mir das Blut in den Kopf. Wie ein Schlafwandler begleiche ich die Rechnung. Auf dem Heimweg brennt das Buch in meinen Händen. In meinem mit bedrucktem Papier vollgestopften Arbeitszimmer schlage ich es auf.

Das unbewegte Gesicht des Fotografen Rudolf Breslauer starrt mich an. Mit derselben Unbewegtheit wie 1943, als er, mit einer Leica vor der Brust oder vor dem Auge, uns, seine Mitgefangenen, bei der Arbeit oder in der Freizeit, im Leid, aber auch in der Freude, im Elend der Transportnächte und während des Alptraums der Transportmorgen beobachtete und auf dem Schwarzweiß-Film seiner Kamera festhielt. Er war der »Hoffotograf« von Konrad Gemmeker. Alles mußte und durfte er durch den Sucher sehen. Zu den Bierfesten, die der Kommandant für seine SS-Freunde aus Den Haag und Berlin gab, hatte er Zutritt, und im Wohnzimmer von Gemmekers Villa durfte er Frau Hassel, Gemmekers Sekretärin und Geliebte, vor dem Hintergrund eines bauchigen Biedermeierschranks porträtieren. Er machte einen Film von einem am Dienstagmorgen abfahrenden Zug, und das Mädchen mit dem Schal, das mit aufgerissenen Augen durch die Luke des Viehwaggons in seine Linse schaut, ist für Tausende zum Symbol der Shoah geworden.

Gut ein Jahr später wurde Breslauer, der Chronist des Totentanzes in Drente, nach demselben Endziel abtransportiert wie das namenlose Mädchen an der Luke. Seine in Silbernitrat geätzten Bilder sind erhalten geblieben. Erschüttert betrachte ich die Seiten, auf denen sie nun erneut abgedruckt sind.

Gespannt versuche ich Gesichter zu erkennen, Bild um Bild. Zahnarzt Wolf, der mich von meinen widerspenstigen Weisheitszähnen erlöste, der Schmied, der mich weißglühendes Eisen formen lehrte, der Mechaniker, den ich durch meine Begriffsstutzigkeit beim Schweißen zur Verzweiflung brachte. Manche Menschen kommen mir vage bekannt vor, aber nach einem halben Jahrhundert weigert sich das Gedächtnis, sie zu identifizieren. Beim Bild von Arthur Pisk, dem Leiter des Ordnungsdienstes, beschleicht mich alte Angst und lang vergessene Wut. Er war von der Gewalttätigkeit unserer Unterdrücker angesteckt, schrie, schlug und machte seine Leute zum verlängerten Arm der Besatzungsmacht.

Mein Blick bleibt wie im Schock an einem Gruppenfoto der Mitwirkenden des Kabaretts hängen. Die Unterschrift lautet: »Die vollzählige Gruppe auf der Bühne mit Max Ehrlich im Vordergrund.« Die Augen dicht am Papier, versuche ich ein

Gesicht zu finden, aber es gelingt mir nicht. Das Vollmondgesicht von Herman Feiner, aber jetzt ohne den vertrauten Spitzbart, schaut mit ernsten, halb geschlossenen Augen in den Saal. Sein ironisches Lächeln aus den zwei Jahren nach dem Bombenangriff auf Rotterdam bis zu unserer Verhaftung im Herbst 1942, als er unser Hausgenosse, Freund und Beinahe-Onkel war, schien weggewischt. Trotzdem brachte dieser Bühnenautor und Komiker es fertig, gemeinsam mit Ehrlich und Gerron, dem Publikum Abend für Abend Lachsalven zu entlocken, auch wenn am Morgen tausend Menschen nach Polen verschickt worden waren.

Ich blättere weiter. Es gibt noch mehr Fotos von der Bühne. Meine Hände sind klamm. Sechs Tanzmädchen, in Overalls und mit schräg aufgesetzten, kecken Käppis, halten eine große Tafel, auf der der Text eines Schlagers steht: *Wenn ein Paketchen kommt* ..., ein Ohrwurm, dessen Melodie mir vage durch den Kopf zieht. Ein Päckchen mit Lebensmitteln! Ein Ereignis von vitaler Bedeutung! Eines der Mädchen ähnelt Hannelore, aber wirklich erkennen kann ich sie nicht. In der Ecke eine blonde Schauspielerin mit strahlendem Lachen: Camilla Spira. Nicht lange nach dieser Aufführung durfte sie Westerbork verlassen. In ihrem Gepäck Papiere, darauf Stempel mit Hakenkreuzen und Adlern. »Ehrenarierin« sei sie geworden, raunte man im Lager. Neid und Abscheu kämpften um die Wette.

Mein Blick gleitet auf die andere Seite und bleibt wie erfroren auf der Abbildung haften. In der vordersten Reihe zwischen den Darstellern steht mein Vater. Sein schwarzes Haar, an den Schläfen hoch geschnitten, seine gebogene Nase. Er lächelt die Sängerin neben sich an, die ihr Blumengebinde liebkost, als stünde sie auf einer richtigen Schauspielbühne in einer richtigen Stadt in einem freien Land. Ein halbes Jahrhundert schrumpft zu einer halben Sekunde zusammen. Mit einer Lupe betrachte ich meinen Vater und mache mir klar, daß er damals erst einundvierzig Jahre alt war, ein junger Mann, der jetzt mein Sohn sein könnte. Die Erinnerung an meine Kinderjahre, die von seinem strengen Regiment überschattet waren, verliert auf einmal ihre scharfen Konturen. Ich begreife, wie relativ mein jugendlicher Kummer war, und werde versöhnlicher gestimmt. Mitleid tritt anstelle des Grolls.

Ich blättere vor und zurück, lese da und dort ein paar Zeilen und überschlage Seiten, wenn ich auf Passagen stoße, deren Inhalt ich nur zu gut kenne. Kalkulierter Selbstschutz hält mich davon ab, die Interviews zu studieren. Die Belastung ist zu groß. Die neueren Fotos der Befragten sind mir nicht vertraut. Die Zeit hat tiefe Spuren in die Gesichter gegraben.

Als ich abends, fast zwanghaft, das Buch wieder in die Hand nehme und mit der Lupe auf die Suche gehe nach der Realität, die meine Phantasie zurechtstutzt, finde ich mich plötzlich Auge in Auge mit der Hannelore meiner jugendlichen Träume. Das Porträt, das Breslauer 1943 von ihr gemacht hat, paßt exakt zu dem, das meine Gehirnzellen fast fünfzig Jahre lang festgehalten haben. Die Konfrontation schmerzt wie eine alte Narbe bei schlechtem Wetter. In der Unterschrift steht ihr Nachname, den ich nie gewußt habe, und plötzlich dringt zu mir durch, daß die blondierte ältere Dame, die vor der Fernsehkamera über ihr wundersames Erlebnis gesprochen hat, Hannelore ist. Das Foto zu Beginn der von Lindwer publizierten Befragung hatte überhaupt keine Assoziation in mir erweckt. Jetzt bekommt jedes Wort, jede Linie eine Bedeutung. Ihre im Buch geschilderte dramatische und märchenhafte Überlebensgeschichte läßt jedwede Phantasie verblassen. Ihre

Rettung grenzt an ein Wunder. Die Furcht um ihr Leben und die Angstträume während meiner Isolation in der Quarantänebaracke waren nicht unbegründet, obwohl die Tatsachen ganz anders waren, als ich damals glaubte.

Sie erzählt von dem kleinen Jungen, der vor ihr steht und aufgeregt ruft, der Maschinist des Postzuges wolle sie dringend sprechen. Den Zug kennt sie, denn die Verteilung der Briefe und Päckchen gehört zu ihren Aufgaben. Aber daß der Maschinist nach ihr fragt?

Ein junger Mann mit Ölflecken auf der Arbeitskleidung begrüßt sie. Ein schmutziges Taschentuch hängt aus seiner Hosentasche, Gesicht und Hände sind rußig. Sie erkennt ihn. Der Schauspieler Rob de Vries, ihr ehemaliger Verlobter, jetzt Widerstandskämpfer, war als Hilfsmaschinist verkleidet mit dem Lokführer mitgekommen, um seine Liebste zu befreien. Er versucht sie zu überreden, sich im Zug zu verstecken und nach Amsterdam mitzufahren, zu einer sicheren Untertauchadresse. Doch sie zögert. Eine neue Liebe bindet sie an das verhaßte Lager. Sie bittet um Bedenkzeit, und ihre Freundinnen helfen ihr, sich zu entscheiden. Am nächsten Tag kriecht sie unter eine Bank im Personalwaggon und bleibt bei einer flüchtigen Kontrolle unentdeckt. Der Zug fährt ungehindert nach Norden, und von Assen aus fahren sie und Rob nach Amsterdam. Auf ihrer Brust sind die Spuren des abgetrennten Judensterns sichtbar, aber keiner der Mitreisenden wird zum Verräter.

Im Lager vergeht ein Tag nach ihrem Verschwinden, bis Vergeltungsmaßnahmen getroffen werden. Dann läßt der Kommandant alle Züge durch den Ordnungsdienst und die SS kontrollieren, aber die Suche ist vergeblich. Das Paar bleibt unauffindbar.

Die Flucht eines Gefangenen bedeutet Strafe für die Zurückgebliebenen. Verwandte, Freunde und Geliebte erwartet der Transport ohne Aufschub. Aber diesmal, niemand weiß warum, läßt der unberechenbare Kommandant ihren Verlobten im Lager antreten und stellt ihn vor die Wahl zwischen Verrat und Viehwaggon.

In Begleitung des Ordnungsdienstes sucht er in Amsterdam nach ihrer Untertauchadresse und findet sie dort. Der Entschluß, ins Lager zurückzukehren, ist schwer, aber etwas leichter, seit sie weiß, daß er dann nicht in den gefürchteten Osten geschickt wird.

Kaum hat der Schlagbaum sich wieder hinter ihr gesenkt, als die Gestapo sie zum Verhör holen läßt. Während der langen Wartezeit gewinnt sie ihre Ruhe und Fassung wieder. Auf die Fragen der Mäner in schwarzer Uniform pariert sie mit charmanten Lügen. »Sie wollte sichergehen, daß ihre ehemalige Rivalin keine Ansprüche auf ihren Geliebten geltend mache und daß er frei sei, sie zu heiraten.« Die Deutschen, mit Wagners Opernmythen vollgestopft, fallen auf die Tristan-und-Isolde-Romantik herein.

Hannelore und Hans heiraten in Westerbork. Gemmeker hält Wort: sie dürfen bleiben. Von »Liebestod« ist keine Rede. Am 12. April 1945 befreien die Kanadier das Lager. In einem der Panzer sitzt ein Soldat im Kampfanzug: Hannelores Bruder.

Verbotener Unterricht

Bennie Bril

In den letzten Wochen des Jahres 1942 kocht die Gerüchteküche im Lager Westerbork über: Inspektion aus Den Haag, »hohe SS-Tiere« aus Berlin, neue Verordnungen und vielleicht sogar der Aufschub eines Transports während der Weihnachtstage.

Um Gemmekers Villa herrscht mehr Betrieb als je zuvor. In der Kommandantur geht Dienstleiter Schlesinger ein und aus. Trotz der schlammigen Wege zwischen den Baracken glänzen seine Stiefel bei jedem Besuch. Jacobsohn, der Kapo der Laufjungen, hält Appell. Befehle fliegen uns um die Ohren: Wir müssen den großen Schreibsaal sauber schrubben, Wandschmuck aufhängen, Tische und Stühle herbeischleppen, uns gründlich waschen und dafür sorgen, daß unsere Haare »schneidig« kurzgeschnitten sind. Wozu das alles sein soll, bleibt uns vorerst verborgen, aber eines wissen wir sicher: Das Weihnachtsfest ist nicht für die Juden bestimmt.

Es wird früh dunkel, aber sehr kalt ist es nicht. Schneeflokken wirbeln durch die Luft; sobald sie den Boden erreichen, ist ihr Leben zu Ende. Das Dröhnen von Mercedes-Motoren bricht in die Totenstille des Lagers. Es kommt näher, und innerhalb kurzer Zeit stehen Dutzende von schwarzen Limousinen vor dem Verwaltungsgebäude und der Kommandantur.

Die Wege sind verlassen. Die Abendglocke hält jeden, der keine Aufgabe hat, in seiner Baracke gefangen. Wir, die Laufjungen, haben den Auftrag, Bierkisten und Terrinen mit Kartoffelsalat zu schleppen. Die drohende Warnung »Pfoten weg von allem, sonst kommen wir hinter Gitter« tut ihre Wirkung, obwohl einige von uns während der Arbeit die Kiefer kaum sichtbar bewegen.

An den langen Tischen im großen Saal bedienen Mädchen aus dem Lager, aber für uns ist der Zutritt strengstens verboten. Einige kennen wir persönlich oder vom Sehen. Zu dieser Gelegenheit tragen sie schwarze Kleider und gestärkte Schürzchen. Mit den weißen Häubchen sehen sie aus wie richtige Serviererinnen in einem teuren Restaurant. Sie nehmen uns die Kisten und Schüsseln an der Tür ab. Um die Ecke zu gukken ist unmöglich. Das festliche Getöse und das Gebrüll der deutschen Biertrinker dröhnt durch die Nacht.

Wenn jemand eine Rede hält, werden die Türen immer zugemacht. Die Mädchen stehen davor, zitternd in der Kälte. Dergleichen ist nicht für unsere Ohren bestimmt. Ein wenig später schwillt der Lärm wieder an. Deutsche Lieder erklingen. Applaus und Rufe kündigen einen Auftritt an. Im Saal wird es still. Eine Band spielt die ersten Takte eines Schlagers. Erneut Applaus, erneut Stille. Eine tiefe Frauenstimme mit einem Timbre wie Zarah Leander singt einen Song, den ich von früher her kenne: »Ja, er heißt Waldemar und er ist kein Star. Er ist ja mein Ruin, aber ich liebe ihn ...« Ich halte den Atem an.

Bilder flitzen mir durch den Kopf, vom Wohnzimmer zu Hause, vom Blaupunkt-Empfänger, aus dem diese Art Musik kam, der meine Mutter und ich lachend lauschten.

Ein Knuff in die Rippen stößt mich in die Wirklichkeit zurück. Der Kapo duldet keine Träumer. Ich liefere meine Kiste ab und höre sie singen: »Johnny, wenn du Geburtstag hast, bin ich bei dir zu Gast, die ganze Nacht ...« Der Saal lacht und klatscht stürmisch.

Ein paar SS-Leute treten aus der Tür. Auf den Revers ihrer Uniformen wimmelt es von Sternen und Streifen. Vor der Ligusterhecke, den Rücken uns zugekehrt, öffnen sie ungeniert den Hosenschlitz und pissen wie Pferde. Wir schleppen noch mehr Bier heran, und Moritz flüstert: »Sollen sie zerplatzen.«

Dort stehen die Barbaren, die uns zu Sklaven machen. Mit Abscheu, aber gefesselt betrachte ich ihre spiegelnden Stiefel, ihre Koppel und Revolver. Hätte ich nur den Mut und die Kraft ... Sie nehmen mich nicht einmal wahr, als sie wieder hineingehen.

Tief in der Nacht endet das johlende Fest. Wir müssen uns entfernen. Die Gesichter der Festteilnehmer dürfen wir nicht sehen. Das dahinsterbende Gebrumm der Mercedes-Limousinen kündigt uns an, daß die Würdenträger der Gewalt das Lager verlassen.

Auch der Kapo der Laufjungen und der Kreis seiner Schmeichler würdigen mich kaum eines Blickes. Er ist ein Geck mit lackierten Fingernägeln; seine Kumpane mustern spöttisch meine abgetragene Kleidung. Sie sitzen auf hölzernen Küchenstühlen beiderseits einer Tür im Wachraum des Kommandanten und warten auf Befehle. Er streicht ihnen übers Haar, wie ein Jäger über die Köpfe seiner Lieblingshunde streicht. Wir anderen Laufjungen bekommen einen Auftrag hingeschnauzt und rennen mit mündlichen oder schriftlichen Botschaften in Wind und Wetter von Baracke zu Baracke.

Wenn ich ab und zu mit zwei anderen im Wachlokal am Schlagbaum Dienst habe, gilt das als Vorrecht. Doch das Dach über unseren Köpfen schützt uns nicht vor den Launen der SS-Wachen oder der Militärpolizei.

Der Leiter der Schmiede ist mir wohlgesinnt. Vor dem Krieg kannte er unsere Familie in Rotterdam. Er war Flüchtling aus Deutschland, dessen Versuch, Kuba zu erreichen, scheiterte. Flehentlich bitte ich ihn um einen Arbeitsplatz in seiner Werkstatt. Dort, scheint mir, läßt es sich besser aushalten.

Zusammen mit vier anderen Jungen lerne ich Metall bearbeiten und eiserne Bettstellen reparieren. Auf dem schlammigen Gelände hinter der Schmiede stehen Dutzende dieser rostigen Gerippe, die durch die Überbelastung mit zu vielen Schläfern und ihrem Gepäck zusammengebrochen sind. Nach jeder Transportnacht wächst das Heer dieser Wracks; schnaufende und schwitzende Männer schleppen sie aus den Baracken herbei.

Die Arbeit ist schwer, aber wenn ein Werkstück oder eine Reparatur gelingt, erfüllt mich das mit Stolz. Ich erwache aus der Niedergeschlagenheit. Otto, mein freundlicher Kamerad auf dem Schrottplatz, ist Ingenieur und genauso ungeschickt wie ich. Während wir zerbrochene Bettspiralen reparieren, erzählt er vom Bauhaus, wo seine Frau ihre Ausbildung bekommen hat. Er spricht über Künstler, wie ich es noch nie gehört habe. In seinen hinreißenden Geschichten werden sie lebendig. Wenn wir zu zweit durch die Welt von Gestern reisen, vergessen wir den Stacheldraht, der uns umgibt.

Im Juli 1943 kommt ein Transport aus dem Lager Vught an. Unter den Häftlingen sind Freunde von einst. Das erste Wiedersehen verläuft beinahe wortlos. Langsam reihen sich die Wörter zu Geschichten und Anekdoten. Der Name des Boxers Bennie Bril wird erwähnt, der sich geweigert hat, einen Mithäftling zu verprügeln. Ich träume von seiner Heldentat, wage aber kaum, an die Folgen zu denken.

Das Gerücht geht um, daß er in der Küchenbaracke Gymnastikunterricht erteilt. Während der Mittagspause gehe ich mit drei anderen Lehrjungen nachschauen, ob es stimmt. Die schmutzigen Overalls haben wir noch an. Ein Koch in weißem Arbeitskittel steht vor der Tür und beobachtet uns mißtrauisch, als wir durch die beschlagenen Fensterscheiben hineinspähen. Wir können das Lachen kaum halten. Drinnen versuchen ein paar Jungen mit dem Seil zu hüpfen, wie wir es früher bei kleinen Mädchen gesehen haben. Ein junger Mann gibt Anweisungen, die wir hier draußen nicht verstehen. Ein Lächeln erscheint auf seinem Gesicht, wenn er jemanden korrigiert.

Er sieht uns und winkt.

Bennie Bril braucht seinen Namen nicht zu nennen. Meine Kameraden erkennen ihn sofort. Ihre Selbstsicherheit ist mit einem Schlag dahin. Wir dürfen zu seinem Unterricht kommen, zum Boxunterricht wohlverstanden. Obersturmführer Gemmeker hat die Erlaubnis zum Gymnastikunterricht erteilt, und das ist es, was wir unseren Freunden sagen müssen. Das, und nichts anderes.

Die Tage sind lang im Juli. Nach unserer Arbeit gehen wir in die Küche. Vor den Fenstern hängen Laken gegen die Sonne und gegen unerwünschte Blicke.

Auch wir lernen Seilhüpfen. Feixend hopsen wir mit hölzernen Bewegungen über die Papierschnur. Uns fehlt die Geschmeidigkeit von Kindern, und es dauert lange, bis unsere mageren Beine dem Rhythmus folgen. Hinter uns hören wir klatschende Schläge gegen den federnden Ball, der in der Ecke verdeckt aufgehängt ist. Wenn das Geräusch in heftiges Getrommel übergeht, wissen wir, daß dort ein Fachmann am Werk ist. »Das müßt ihr auch können. Damit haltet ihr euch die Gegner vom Leibe«, sagt unser Lehrmeister.

Ein paar Übungsabende lang läuft alles wie geschmiert, bis ein Küchenjunge hereinstürmt und keucht, Gemmeker mit seinem Schäferhund sei im Anmarsch. In rasender Eile ist der Ball versteckt. Wir stellen uns in Gymnastikhaltung auf und warten auf den SS-Mann mit dem Herrengesicht. Lächelnd tritt er herein. Wir stehen stramm. »Weitermachen«, sagt er fast freundlich. Brav machen wir leichte Turnübungen, und er schaut zu. Dann dreht er sich um, nickt Bennie Bril zu und verläßt den Saal.

Ein paar Wochen lang halte ich durch. Ich lerne decken, rechte Gerade – rechter Fuß vor; linke Gerade – linker Fuß vor. Das Zusammenspiel meiner Arme und Beine läßt zu wünschen übrig.

An einem bewölkten Abend im August zieht Bennie mir richtige Boxhandschuhe über die Hände und stellt mich einem Sparringspartner gegenüber. Ein Scheinkampf: vor allem Dekkung, Deckung ist wichtig. In der Aufregung des Augenblicks vergesse ich das Gelernte. Mein Gesicht liegt offen wie eine Stadt ohne Abwehrgeschütz. Ehe ich mich dessen versehe, sitze ich mit einer blutenden Nase auf dem Boden. Bennie tröstet mich und rügt mich anschließend wegen meiner schlechten Verteidigung.

Die nächste Boxstunde versäume ich, auch die übernächste. Die Furcht vor Blut und Schmerzen hat mich überkommen.

Im September droht Deportation. Diphterie schnürt mir die Kehle zu. Eine Polioepidemie breitet sich aus. Die Quarantäne, die über das Lager verhängt wird, legt den Zugverkehr lahm. Zeitweilig sind wir gerettet.

Im Januar 1944 tritt der Dienstplan wieder in Kraft. Bennie Bril und seine Familie sind auf dem Weg nach Bergen-Belsen, und wir, meine Eltern und ich, reisen nach Theresienstadt.

Belinfante

Meine primitive Drehbank steht dicht hinter den riesigen Türen der Reithalle. Durch diese Türen schritten zur Zeit Maria Theresias glänzende Rassepferde, mit Reitern in goldbetreßter Uniform und blinkendem Helm. Jetzt können dieselben Türen wegen Rost und Holzfäule nicht mehr geschlossen werden. Täglich schlurft ein Heer zerlumpter Gefangener, die in dem vor Wetter und Wind geschützten Raum Tischlerarbeiten verrichten müssen, in zerrissenen Schuhen über die Schwelle.

Die Hunderte von Holzsohlen, die ich auf meiner Maschine drehe, sind bei weitem nicht genug, um alle mit Schuhwerk zu versehen. Ich vermute, daß meine Produkte zum überwiegenden Teil für das »Reich« bestimmt sind. Fast nie sehe ich sie an den Füßen meiner Mitgefangenen.

Ich spanne eine hölzerne Schablone zwischen zwei Klemmen und einen Holzblock zwischen die zwei entsprechenden Spannbacken dicht vor mir. Dann setze ich den Treibriemen in Bewegung und lasse den Meißel den Konturen der Schablone folgen und Schicht um Schicht von meinem Werkstück abtragen, bis es dem Vorbild entspricht. Die Sohle ist fertig, wenn ich die Grate und die Meißelspuren glattgefeilt habe.

Der Vorarbeiter kontrolliert in unerwarteten Momenten, ob ich die richtigen Maße eingehalten habe und ob keine fehlerhaften Stücke in der Kiste neben mir liegen. Er kann nur strafen, nie loben. Manchmal verbietet er mir, Pause zu machen, manchmal schimpft er mich aus. Oft sucht er ein paar gut gelungene Sohlen aus der Kiste und nimmt sie mit, ohne zu fragen. Protestieren ist sinnlos und gefährlich. Seine Position macht ihn unangreifbar.

Die Arbeit ist nicht schwer, aber meine Aufmerksamkeit darf nie erlahmen. Der ungesicherte Treibriemen und die rasiermesserscharfen Holzmeißel erfordern äußerste Sorgfalt. An diesem schmutzigen Ort bedeutet eine Wunde Infektion, Infektion bedeutet Krankensaal, und Krankensaal bedeutet oft Tod, Verstümmelung oder Deportation in den Osten. Arzneimittel und Verbandmaterial sind so gut wie nicht vorhanden, und erfahrene Ärzte, Häftlinge wie ich, sehen unter ihren Händen Patienten sterben, die in ihrer Klinik oder Praxis früher rasch und problemlos geheilt worden wären.

Nach dem Heulen der Sirene, das das Ende des Arbeitstages befiehlt, gehe ich mit schweren Füßen in meine Unterkunft in der Hamburger Kaserne, in ein staubiges Kämmerchen, das ich mit meinem Vater und sechs anderen Männern teile. Auch sie kommen erschöpft und gereizt von der Arbeit zurück und brummen nicht einmal ein freundliches Wort.

Abend für Abend geht die Verteilung des Brotes mit Aufregung und Streit einher. Männer, die früher eine leitende Stellung bekleideten, keifen wie Fischweiber um ein Stückchen Wurst oder einen Löffel Marmelade. Die aufgestaute Wut gegen unser Schicksal, die Demütigungen während des Tages und die Angst vor der Zukunft machen uns zu primitiven Menschen. Als Fünfzehnjähriger bin ich dieser beschämenden

Zurschaustellung von Aggression nicht gewachsen. Schutz finde ich nirgends. Auch nicht bei meinem Vater. Ich krümme mich unter seiner harten Stimme und seiner harten Hand, bis ich aufsässig werde und mich mit den Fäusten verteidige.

Das Gefühl totaler Verlassenheit lähmt mich. Meine Mutter hat sich bei der Arbeit in der Glimmerproduktion ein Bein gebrochen. Sie liegt unerreichbar im Frauensaal. Ich darf sie nicht sehen oder sprechen. Meine Angst um sie kann ich mit niemandem teilen. Niemand kann mir Trost geben.

Ich treibe mich in den zugigen Bogengängen herum, die die Innenhöfe umgeben. Die lockeren Fliesen klappern unter meinen Sohlen. Durch die halbrunden Bögen in den schweren Mauern sehe ich Männer lustlos gegen einen Ball treten. Aus den Sälen, die auf den Gang münden, dringt Lärm und muffige Luft. Menschen sitzen auf der Bettkante. Die einzige Glühbirne spendet einen kargen Schein, kaum genug zum Lesen oder Schreiben.

Die Tausende Männer und Frauen in diesem menschlichen Lagerhaus verhalten sich wie Fremde gegeneinander. Manchmal treffe ich Gesichter, die ich vage aus Westerbork wiedererkenne. Echte Beziehungen sind selten. Das Leid hat uns auf uns selbst zurückgestoßen.

Jan S., ein Altersgenosse, der im vorigen Lager bei den Malern arbeitete, spricht mich an. Er weiß immer, wo es etwas zu organisieren gibt und wer Informationen hat. Auch jetzt, im unbegreiflichen Theresienstadt, ist er wachsam und gewieft. »Unten im Keller ist irgendwas los. Es wimmelt von Menschen, aber sie beten nicht. Vielleicht gibt es Nachrichten von der Front. Kommst du mit?« Ich folge ihm über die Granittreppe auf den Innenhof.

Stimmengewirr steigt aus den vergitterten Fenstern des

Souterrains. Als ich die Tür öffne, schlagen mir Schweißgeruch und Lärm entgegen. Männer in Hemdsärmeln, in Arbeitskleidung, manche mit gekämmtem, klebrigem Haar, andere noch schmuddelig vom Tagwerk, stehen dicht gedrängt unter dem niedrigen Gewölbe. Dutzende, vielleicht Hunderte haben den Kopf zur Mitte gewandt. Von hier kann ich nicht sehen, wonach sie Ausschau halten. Die dicken Pfeiler, auf denen die gewölbte Decke ruht, nehmen mir die Sicht. Das Gemurmel verstummt. Ich versuche mich vorzudrängen, um zu sehen und zu hören, was los ist.

Nach ein paar Metern bleibe ich stecken. Neben mir steht ein kleiner, untersetzter Mann mit runden Brillengläsern. Er ist kleiner als ich und sieht nur die Rücken. Ich nur die Hinterköpfe. In der erwartungsvollen Stille, die nur kurz unterbrochen wird, wenn jemand seinen belfernden Husten nicht unterdrücken kann, mache ich den Versuch, einen besseren Platz zu erobern. Mein Nachbar schüttelt den Kopf und lächelt nachsichtig, um mir klarzumachen, daß es sinnlos ist.

In der Türöffnung erscheint ein alter Mann. Sein breites Gesicht hat tiefe Furchen. Die Glatze ist von buschigen grauen Locken umsäumt. Wir weichen auseinander, um ihn durchzulassen, und in der Mitte taucht sein Kopf über den Zuhörern wieder auf. Offensichtlich steht er auf einer Kiste oder einem Tisch.

Die dunkle Stimme verrät den geübten Sprecher, aber seine Worte bleiben für mich dunkel. »Meine verehrten Damen und Herren. In meiner heutigen Vorlesung möchte ich über den Determinismus bei Hegel und Fichte reden.« Nicht nur die Namen prallen von meiner Unwissenheit ab, sondern auch das Wort Determinismus. Ich höre seinen Worten zu, ohne sie zu verstehen, und spüre nur, daß hier ein wichtiger Mann mit großer Autorität spricht und daß ich an etwas teilhabe, das weit über die tägliche Misere des Lagers hinausragt.

Nach einer halben Stunde verziehen sich ein paar Leute zum Ausgang. Ihre Gesichter sind Fragezeichen. Meine Aufmerksamkeit erschlafft, und auch ich versuche, hinauszukommen. Der kleine Mann neben mir flüstert, daß die Lesung bald zu Ende sei und daß er mir erzählen werde, worüber Professor Magnus gesprochen hat. Die Neugier hält mich zurück. Ich warte.

In der kalten Abendluft auf der dunklen Galerie versucht Dr. Belinfante mir zu erklären, was ein freier Wille und was Determinismus ist.

Dann erkundigt er sich nach meiner Vergangenheit, nach meinen Eltern, nach meiner Schulbildung. Das Wort Schule scheint aus einer anderen Welt. In den drei Jahren, die seit meiner Aufnahmeprüfung verstrichen sind, ist die Erinnerung daran verblaßt. Das Verbot für jüdische Kinder, am weiterführenden Unterricht teilzunehmen, der heimliche Privatunterricht, die Razzien, die Lagerzeit in Westerbork und die schwere Arbeit in den Werkstätten haben meine Schulzeit in einen nebligen Hintergrund verdrängt. Die Fragen des alten Mathematiklehrers rufen ein verschwommenes Heimweh in mir wach. Als er mich einlädt, am nächsten Abend zu einer Algebrastunde in seinen Saal zu kommen, nehme ich mit Freuden an.

Am Morgen darauf mache ich Jan S. zum Mitwisser. Er lacht mich aus und meint, ich sei wohl nicht ganz bei Trost: »Quatsch. Hast du nichts Besseres zu tun? Sorg lieber dafür, daß du nicht mit leerem Magen herumläufst.« Seinen Rat schlage ich in den Wind. Abends nach dem Scharmützel um Brot suche ich tastend nach dem Saal, in dem Doktor Belinfante wohnt. In den dunklen Gängen sehen alle Türen gleich aus, und auch die Zimmer dahinter. Überall stehen zwei- und dreistöckige Holzpritschen, auf denen Menschen sitzen und liegen, ihre Ration kauen und beim armseligen Schein der kleinen Glühbirne an der Decke zu lesen versuchen. In jeder Unterkunft steht ein Schragentisch aus rohem Holz, auf den schmalen Bänken sitzen manchmal vier Männer und spielen Karten, während andere hinter ihnen zuschauen und das Spiel kommentieren.

Dr. Belinfante sitzt mit seiner Frau an einem solchen Tisch. Die Seiten des Buches hält er dicht vor die Augen. Seine Brille hängt auf halber Höhe der Nase. Hier wird nicht Karten gespielt.

Er hört mich nicht hereinkommen und liest trotz des Stimmengewirrs konzentriert weiter. Ich getraue mich nicht, ihn zu stören, aber offensichtlich stehe ich im spärlichen Licht, denn er schaut von seinem Buch auf. Er rückt die Brille zurecht und wendet sich mir ohne einen Blick des Wiedererkennens zu. Schüchtern sage ich, er habe mir gestern abend eine Unterrichtsstunde versprochen. Ein Lächeln macht seine Augen sanft. Er gibt mir die Hand, wendet sich zu seiner Frau um und erzählt ihr von unserer Begegnung zu Füßen des Berliner Philosophen, der für volle Säle sorgt. Sie legt die Socke, die sie gerade stopft, auf den Tisch und gibt mir gleichfalls die Hand. Als handelte es sich um eine Privatstunde in einem Wohnzimmer, in einer Wohnung in der normalen Welt, sagt sie, daß sie uns nicht stören werde. Ich fühle mich als Eindringling. Zum Glück bleibt sie neben ihrem Mann sitzen und geht nicht in den Frauensaal. Die sockenstopfende Frau ruft vergessene Wärme von früher wach.

Wir haben keine Schulbücher. Das Mathematikbuch, das

ein mutiger Lehrer mir vor zwei Jahren durch das Gefängnisgitter in Apeldoorn reichte, ist schon seit langem verschwunden. Die Verhaftung der jüdischen Familien war für ihn ebenso unbegreiflich wie für uns selbst. In seiner Unschuld hoffte er, daß die Kinder in den Lagern weiterlernen könnten.

Ein wenig unbehaglich, weil Tischgenossen mithören, und ein wenig verwirrt fragt Dr. Belinfante, ob ich in der Schule schon arithmetische Reihen gehabt hätte. Das Wort kenne ich, aber was es mit Algebra zu tun hat, ist mir ein Rätsel. Er liest die Fragezeichen in meinen Augen. Dann kritzelt er eine Reihe Zahlen auf ein Stück Papier und versucht mir zu erklären, was er meint. Allmählich dringt die Bedeutung zu mir durch. Mein Kopf ist an Abstraktionen nicht mehr gewöhnt. Seine Erläuterung ist geduldig und freundlich. Manchmal scheint es, als müßte er nachdenken. Er starrt zur Decke, schüttelt den Kopf, wie um einen gespenstischen Gedanken zu vertreiben, und schaut mich prüfend an, als sei ich plötzlich ein Fremder für ihn geworden.

An mehreren Abenden in den folgenden Wochen bekommen einfache Reihen für mich eine Bedeutung, trotz der Müdigkeit, die auf meine Augenlider drückt, und trotz des nagenden Hungergefühls. Die Gedanken meines Lehrers schweifen manchmal ab, und seine Frau überbrückt dann die Stille mit einer Anspielung auf seine Gesundheit. Aber ich weiß, daß es die Krankheit ist, an der wir alle leiden: Kummer und Angst.

In der Reithalle herrscht tagsüber fieberhafte Aktivität. Die Schreiner machen schöne Tische, Stühle und Betten, wie sie sonst nirgends im Lager zu finden sind. Sie bauen Gerüste auf für die Podien im Konzertsaal, wo Musiker die Werke jüdischer Komponisten spielen sollen, und im Varietétheater, wo ein Ensemble auftreten wird.

Die jahrhundertealte Hamburger Kaserne, in der wir untergebracht sind, soll ein anderes Aussehen bekommen. Sie ist zu voll, zu schmutzig, zu verfallen. Auch in den anderen Behausungen leben Menschen eng zusammengepfercht mit Ratten, Kakerlaken, Flöhen und Läusen. Das Gerücht, Theresienstadt solle »ausgedünnt« werden, beherrscht unsere Gedanken und Gespräche. Wenn die Kommission des Roten Kreuzes im Juni sich davon überzeugen kommt, wie komfortabel die Juden im »Musterlager« Theresienstadt leben, muß alles perfekt in Ordnung sein, so lautet der Befehl.

Mein Interesse für arithmetische Reihen läßt nach. Die Pausen der Stille bei Dr. Belinfante werden länger.

Für meine Abwesenheit an einer Unterrichtsstunde im Mai 1944 brauche ich mich nicht zu entschuldigen. Mit meinen Eltern und tausend anderen bin ich dann schon unterwegs zur gefürchteten Endstation.

Nach 1945

Ein korpulenter Mann mit kaffeefarbenem Gesicht öffnet die Haustür. Seine Hand ist kühl. Die Oberseite ist dunkelbraun, die Handfläche viel heller. Ich hatte einen prüfenden Blick erwartet, aber seine Augen lachen beruhigend und nehmen mir die Angst, die mich auf dem Weg hierher geplagt hat. Er geht mir voran ins Sprechzimmer und ruft unterwegs in die Küche nach Kaffee für uns beide.

Dr. Simons hat keinen weißen Kittel an, sein Praxisraum gleicht einem gemütlichen Wohnzimmer. Der Sessel, in den ich mich setzen darf, ist weich und an den Armlehnen ein wenig zerschlissen. Er nimmt in einem ähnlichen Stuhl mir gegenüber Platz, sieht mich an, nickt und lächelt, als kenne er mich schon viel länger als von jenem einen Besuch im Landhaus auf der Heide.

Während meines Wutausbruchs, der mit einem Weinkrampf endete, hatte meine Tante gedroht, mich in ein Irrenhaus einsperren zu lassen. Tags darauf stand Dr. Simons im Zimmer zwischen den Ledersesseln und anderen Möbelstükken, die vor unserer Deportation meinen Eltern gehört hatten, und hörte sich ihren Bericht an. Mein Onkel saß schweigend am Tisch.

Ich hörte auch zu, erhielt aber keine Gelegenheit, etwas dazu beizutragen. Meine Weigerung, das Zimmer zu verlassen, brachte meine Tante noch mehr auf. Der Arzt hörte sich ihre Tirade geduldig und ohne sie zu unterbrechen an und sagte nach einer Viertelstunde, er halte es für nützlich, wenn ich in seine Praxis in der Stadt käme.

Auf dem Heideweg zur Bushaltestelle klopft mir das Blut im Hals. Nach meiner Befreiung, nach der Entlassung aus dem Krankenhaus und während meines Herumirrens auf der Heimfahrt in die Niederlande ließ ich den Hoffnungsfunken, meine Verwandten wiederzufinden, nicht erlöschen. Jetzt, hinkend unterwegs zu einem fremden Psychiater, sehne ich mich zurück nach den kameradschaftlichen Mitreisenden, die Buchenwald überlebt und mich wie einen Bruder in ihrer Mitte aufgenommen hatten, auf der Reise nach einem Zuhause, das kein Zuhause mehr war.

Die Bushaltestelle, ein verrostetes Schild an einem farblosen Pfahl, steht verlassen in der Landschaft. Während ich warte, spüre ich den Schmerz in meinem Fuß, der quälend langsam heilt.

In den Asphalt haben die Raupenketten von Panzern grobe Spuren gefräst. Die Schützenlöcher am Straßenrand sind noch nicht zugeschüttet, und da und dort, entlang der Straße im Sand verstreut, liegen schmutziggelbe Scheiben, die ich als Landminen erkenne. Ein einziger Schritt, und alles Elend ist zu Ende, aber dann wäre alles vergeblich gewesen.

Das Brummen des Busses verjagt meine schwarzen Gedanken.

»Versuch, mir deine Geschichte zu erzählen. Du brauchst dich nicht zurückzuhalten, alles bleibt unter uns.«

Das Klopfen in meinem Hals hört auf; der Eisklumpen in meinem Bauch schmilzt. Seine Wärme schenkt mir Vertrauen, doch die Worte über die Lagerjahre bleiben unausgesprochen. Es gibt keine Sprache, um die Erniedrigung, den Schmutz, die Wut und den Kummer zu beschreiben. Mein stammelnder Versuch scheitert.

Er drängt mich nicht. Er versteht. »Wie war es, als du hierher zurückkamst? Wie hast du Onkel und Tante gefunden?«

Seit meiner Befreiung am 8. Mai 1945 ist so viel geschehen, daß ich Mühe habe, die Gedanken zu ordnen.

»Wie bist du hergekommen?«

»Mit einem amerikanischen Militärlastwagen. Der hat mich bis zur Polizeiwache gebracht. Ich erkannte das Haus sofort. Dort haben wir vor drei Jahren nach der Razzia am 2. Oktober 1942 hinter Gittern gesessen. Und von dort aus wurden wir nach Westerbork verschickt.

Der amerikanische Fahrer wußte sich mit mir keinen Rat. Er winkte noch, als er weiterfuhr. Sicherlich, um eine neue Ladung Heimkehrer zu holen. Es war eine Überwindung, hineinzugehen. Aber was sollte ich sonst tun? Beim wachhabenden Kommissar erkundigte ich mich nach einem Inspektor, von dem ich wußte, daß man ihm vertrauen konnte. Ein Mann vom Repatriierungsdienst in Eindhoven, der ihn aus der Widerstandsbewegung kannte, hatte mir seinen Namen genannt.«

Dr. Simons nickt ermutigend, um meinen stockenden Bericht wieder in Gang zu bringen. Meine Fäuste sind geballt.

»Und dann?«

»Ich saß auf einem Stuhl dem Kommissar gegenüber. Die

Tür hinter mir ging auf. Ein Polizist kam polternd herein und meldete etwas, das ich nicht verstand. Als er sich umdrehte, sah ich sein Gesicht. Ob er mich erkannte, weiß ich nicht. Meine Panik muß sichtbar gewesen sein. Als die Tür zum Korridor zugefallen war, sagte der Kommissar zu mir, der Polizist habe seinerzeit die Befehle der SS und der Feldpolizei nicht ignorieren können. Er hatte immerhin Frau und Kinder. ›Sie werden ihn doch in Ruhe lassen, nehme ich an?‹ Ich war zu bestürzt, um antworten zu können. Der Gedanke an Rache war gar nicht in mir aufgekommen.

Der Inspektor war ein etwas älterer Mann, der sehr schlecht aussah. Er rauchte unentwegt. Seine Hände zitterten. Er kannte meine Eltern nur flüchtig, war aber ein guter Freund von Bekannten, die im Untergrund überlebt hatten. Von ihm erfuhr ich, daß Onkel und Tante lebten und sogar in der Nähe wohnten. Ich erzählte ihm von der Begegnung auf der Polizeiwache, und er war überhaupt nicht erstaunt. ›Es ist hier noch überall voll von der Sorte. Sogar der Hauptkommissar ist nicht astrein.‹

Er suchte die Adresse des Ehepaares für mich heraus, das uns damals, als es schon Razzien in Amsterdam gab, mit Wolldecken im Tausch gegen unsere Daunendecken versehen hatte. Wie er meinte, sei auch das Tafelsilber dort untergebracht. Er half mir beim Eintragen ins Einwohnerverzeichnis.

Ich habe ihn danach nicht mehr gesehen. Ein paar Monate später ist er gestorben, vermutlich vor Enttäuschung. Er hatte von der Befreiung anderes erhofft, genauso wie ich.«

Fast unmerklich nickt Dr. Simons und ermutigt mich, fortzufahren.

»Gegen Abend klingelte ich bei der Familie Koenen. Die Haustür ging auf, und Mevrouw Koenen sah mich verwundert an, erkannte mich aber nicht. Das hatte ich auch nicht erwartet. Ich hatte noch Stoppelhaar, und meine Kleider waren zerlumpt. Vor drei Jahren war ich noch ein kleiner Schuljunge gewesen, und jetzt stand ein schäbiger Bettler vor ihr.

Ich nannte meinen Namen und sah den Schrecken auf ihrem Gesicht. Sie änderte sich schlagartig, lachte und weinte zugleich, bat mich sofort herein und rief aufgeregt nach ihrem Mann.

Ich fühlte, daß ich willkommen war. Bei Tisch, wo sofort Butterbrote und Tee serviert wurden, brach eine Sturzflut von Fragen über mich herein, doch als meine Gastgeber merkten, daß ich todmüde war und kaum antworten konnte, bezogen sie ein Bett für mich im Gästezimmer. In jener Nacht schlief ich tiefer, als ich seit Jahren geschlafen hatte. Ich brauchte nicht mehr auf der Hut zu sein.«

Ein Lächeln erscheint auf dem Gesicht des Therapeuten.

»Fast eine Woche war ich bei ihnen. Sie umsorgten mich und drängten mich nicht. Stolz erzählte mir der Mann von dem Silber, das sie für uns sicher aufbewahrt hatten. Nie hatte der SD, der Sicherheitsdienst der SS, bei ihnen eine Hausdurchsuchung gemacht. Die Schätze waren neben der Höhle des Löwen versteckt. Der Ortskommandant war sein Nachbar gewesen, der morgens sogar grüßte, wenn er zur Kommandantur ging. Auch bei seinem Freund, dem Notar, sei noch das eine oder andere von meinen Eltern vorhanden, vertraute er mir an.

Ein paar Tage später sah ich einen Mann in Lederweste und Kampfanzug auf einem großen Motorrad den Gartenweg herauffahren. Als er absaß und die Motorradbrille auf die Stirn schob, erkannte ich das Gesicht meines Cousins. Es war nicht so mager und abgekämpft wie vor zwei Jahren, als ich ihn auf der Krankenstation in Westerbork zum letzten Mal sah. Ein paar Wochen zuvor war er als ›Straffälliger‹ dort angekommen, nachdem die Gendarmen ihn bei einer ›illegalen‹ Tätigkeit aufgegriffen hatten. Am nächsten Tag sollte er wegen einer akuten Ohroperation ins Krankenhaus nach Gronigen überstellt werden. Widerstandsleuten ist es gelungen, ihn von dort zu entführen. Die Nachricht von seiner Flucht überraschte uns im Lager. Unsere Angst vor Repressalien war keine eingebildete, aber wir freuten uns trotzdem für ihn.

Er begrüßte mich herzlich, aber mit einem Anflug von Verlegenheit, die ich schon bei anderen Menschen beobachtet hatte. Als ob ein Totgeglaubter wieder vor ihnen stünde.

Stolz zeigte er mir seine alte Harley Davidson und lud mich ein, mit ihm in das Haus am Rand von Beekbergen zu kommen, in das mein Onkel und meine Tante nach der Schlacht um Arnhem eingezogen waren. Gespannt und voller Erwartung bestieg ich die große Maschine und hielt mich am Griff des Passagiersattels fest. Mein Kleiderbündel lag eingeklemmt zwischen seinem Rücken und meinen Händen. Ich traute mich kaum, dem lieben Ehepaar zu winken, das mich so gastfreundlich empfangen hatte.

Der Wind blies durch meine Kleider, aber kalt war es nicht in der Augustsonne. Das Motorengeräusch machte jedes Gespräch unmöglich, und ich mußte die Fragen, die ich hatte stellen wollen, noch eine Weile aufschieben. Waren die Kanadier, von denen Leo gesprochen hatte, die Befreier der Niederlande? Was war die Schlacht um Arnhem? Wo war meine Familie untergetaucht gewesen? Gibt es noch andere, die am Leben sind?

Wir fuhren aus Apeldoorn in Richtung Arnhem. Nach Beekbergen war die hügelige Straße nahezu verlassen. Wir überholten ein Auto, das einen großen Gasballon auf dem

Dach trug, und einen Lastwagen mit Holzantrieb. Leo deutete auf sie. Solche Fahrzeuge hatte ich noch nie zuvor gesehen.

Die Landstraße, die wir einschlugen, war steinig. Staub flog uns um die Ohren. Langsam fuhren wir an hölzernen Sommerhäuschen vorbei, die sich hinter ungepflegten Gärten mit Heidekraut und Nadelbäumen versteckten. Beim letzten Haus, wo die Straße in einen ungehärteten Sandweg überging, hielten wir an. Wir bahnten uns einen Weg an den Laken vorbei, die vor der Haustür zum Trocknen hingen. Durchs Fenster hörte ich die Stimmen meines Onkels und meiner Tante. Ihre Stimme war durchdringend; die seine hatte noch immer den deutschen Akzent, den ich von früher bei Emigranten und Flüchtlingen kannte. Meine Tante erschien in der Tür. ›Tag, Junge.‹ Ich bekam einen zögernden Begrüßungskuß. Sie trat einen Schritt zurück und musterte mich vom Scheitel bis zur Sohle: ›Du siehst noch nicht sehr gut aus. Ich werde etwas zu essen für dich machen.‹ Auch mein Onkel wußte nicht, wie er mit mir umgehen sollte. Er war zwar herzlich, doch ich spürte, daß er seine Gefühle kaum beherrschen konnte. Der Sohn ist am Leben, aber wo ist mein jüngerer Bruder? las ich in seinen Augen.

In der Woche, die nun folgte, schlief ich unruhig auf dem Feldbett, das man für mich aufgeschlagen hatte. Die Mutter meiner Tante war nach der Befreiung aus der Schweiz zurückgekommen. Man hatte sie aus Theresienstadt mit einem Transport »Austauschjuden« dorthin gebracht, und sie fand, daß gute Manieren sofort wieder beachtet werden müßten. Bei Tisch ärgerte sie sich maßlos über mich. Als ich eine Schale mit einem Rest Kompott an den Mund hob, stieß sie sie mir ins Gesicht. Saft und Früchte schwappten auf meine Kleider. Die Tischgenossen lachten bloß, ich war sprachlos vor Wut.

Die Villa, in die wir ein paar Tage später umzogen, lag einen

Steinwurf weit vom Sommerhaus. Während des Krieges war sie der Wohnsitz eines hohen niederländischen SS-Funktionärs gewesen und nach der Enteignung meinem Onkel zugewiesen worden. Dort haben Sie mich gestern zum ersten Mal gesehen.«

Dr. Simons sagt: »Du bist nicht mit offenen Armen empfangen worden, stimmt das? Sie haben natürlich auch eine Zeit voller Gefahren und Spannungen hinter sich, wie so viele hierzulande. Bei meinem Besuch habe ich das sehr wohl bemerkt. Die Funken sprühten nur so. Aber sprich weiter: ich kann die Gewalt der Explosion noch immer nicht begreifen.«

Ich bin durch seine Bemerkung kurz durcheinandergeraten. Daß der Krieg auch in den Niederlanden Spuren hinterlassen hatte, wußte ich, doch sein Argument fällt in diesem Augenblick bei mir nicht auf fruchtbaren Boden.

»In der neuen Wohnung fühlte ich mich überhaupt nicht willkommen. Mein Bericht über die vergangenen Jahre blieb mir in der Kehle stecken. Trotzdem hoffte ich auf ein wenig Ermutigung, aber das Gegenteil war der Fall. Meine Tante erstickte jede Anspielung im Keim. Auch bei meinem Cousin. Über die Lager war ein Tabu verhängt, aber die Heldentaten und Entbehrungen der Familie wurden breit erörtert.« Dr. Simons nickt wieder und spornt mich an, Einzelheiten zu erzählen. »In der Nähe lag das Zeltlager der Kanadier. Zusammen mit Leo schlenderte ich über das Gelände. Wir bewunderten ihre Ausrüstung. Die Soldaten waren so fröhlich und kameradschaftlich. Die ›fieldrations‹, die wir von ihnen bekamen, schmeckten herrlich, aber wir fühlten uns wie Bettler, wenn wir die dicken Schokoladerippen verspeisten.

Abends besuchte uns oft ein jüdischer Sergeant aus Toronto.

Ich war das Paradepferd: das Mitglied der Familie, das die

Konzentrationslager überlebt hatte. Zuerst schämte ich mich, ich weiß nicht warum.

Sam erzählte, er habe Bergen-Belsen gesehen. Er wußte ... er war wirklich interessiert. Mit ihm konnte ich sprechen. Die Geschichten über sein Zuhause weckten Heimweh in mir. Er sagte: ›Wenn du jemals nach Kanada kommst ...?‹ Oft brachte er Stangen Senior-Service-Zigaretten und Corned-beef-Konserven mit im Tausch für einen Fotoapparat oder etwas anderes. Als Abschiedsgeschenk bekam ich von ihm ein Paar neue Militärstiefel und zwei Armeehemden mit einem Läppchen am Hals. Die ›Knobelbecher‹ konnte ich nicht tragen. Mein Fuß war noch nicht geheilt. Am nächsten Tag trug sie mein jüngster Cousin. Die Oberhemden verschwanden in der Wäsche. Ich habe sie nicht wiedergesehen.«

Dr. Simons erwähnt die Schule. »Hast du darüber nachgedacht, ob du weiterlernen willst?«

Ich erzähle ihm von der Oberrealschule, in die ich vor vier Jahren aufgenommen worden war, und von der Enttäuschung, sie als Jude doch nicht besuchen zu dürfen. »Das Gebäude steht noch nicht zur Verfügung, und manche Lehrer auch nicht. Mein Onkel meint, die Hauptschule sei gut genug für mich. Seiner Meinung nach braucht man nicht mehr als Kaufmann. Aber für ein Leben als Kaufmann habe ich nichts übrig.

Es gab Schulbücher im Haus, und ich habe versucht, mir ein wenig Lehrstoff einzuprägen, aber meine Gedanken ließen sich nicht zwingen. Ich wurde schnell müde und fühlte mich elend. Der Hausarzt stellte einen Herzfehler fest. Diphterie und Flecktyphus hatten ihre Spuren hinterlassen.

Meine Tante hielt es für wehleidiges Getue: ›Studieren und körperliche Arbeit sind gut für deine Gesundheit und für die Moral.‹ Wenn ihre Söhne lernen, holzhacken, schleppen und täglich Wasser hochpumpen konnten, müsse ich das auch können. ›Die Jungen haben es im Krieg auch nicht leicht gehabt!‹

Ich bin nie darauf eingegangen. Aber als sie auf meine Eltern zu sprechen kam, wurde ich böse. Aus meiner Kinderzeit erinnerte ich mich an ihre Herrschsucht und an die Auseinandersetzungen, die darauf folgten.

Als die Schwester meiner Mutter aus Schweden zurückkam, wurde die Atmosphäre noch geladener. Sie hatte Ravensbrück mit knapper Not überlebt und war schon im Februar 1945 unter dem Schutz des Grafen Folke Bernadotte mit einem Transport nach Malmö gebracht worden. Sie war gereizt. Durch die Gefangenschaft war sie noch streitlustiger geworden, als ich sie früher gekannt hatte. Ich hörte sie lauthals protestieren, daß sie als Putzfrau behandelt werde.

Holzhacken und pumpen: Zuerst tat ich es ohne Murren, auch wenn mein Herz hämmerte. Meine Tante aus Malmö wurde rasend, als sie sah, daß ich jeden Morgen das Wasser aus dem Keller in den Wassertank hochpumpen mußte. Allmählich faßte ich Mut und wagte es, mich zu beschweren. Das schlug dem Faß den Boden aus. Meine Tante wütete wie ein Dragoner. Der Streit mit mir und der Schwester meiner Mutter tobte durchs Haus. Sie fand eine andere Unterkunft, aber ich blieb zurück, da ich nicht wußte, wohin. Von meinem Onkel war keine Unterstützung zu erwarten. Er wollte Frieden. Nur mein ältester Cousin traute sich manchmal, etwas zu sagen.

Vor ein paar Tagen machte mir das Pumpen besonders große Mühe. Ich fühlte mich elend und zitterte vor Anstrengung. Keuchend ruhte ich mich aus. Meine Tante stand oben auf der Kellertreppe und sagte spöttisch, ich solle mich nicht so anstellen. Ein Wutanfall in der Gefangenschaft hätte den Tod bedeutet. Diesmal konnte ich ihn nicht mehr unterdrücken und schrie: ›Es geht hier zu wie im Konzentrationslager.‹

Ich sah sie blitzschnell nach dem Milcheimer greifen. Oben an der Treppenluke drehte sie ihn um. Zehn Liter Magermilch ergossen sich über mich. Ich war durchweicht, es verschlug mir den Atem. Dann schrie ich meinen ganzen Kummer heraus, meine Tränen flossen wie die Sintflut. Das übrige wissen Sie.«

Er schüttelt den Kopf. Seine Augen sind geschlossen. Dann sieht er mich an und nickt. Um mich zu ermutigen oder aus Mitleid? Er sagt, daß mir nichts fehlt, daß er meine Aufregung sehr gut begreifen kann und einsieht, daß ich mich bei meiner Familie nicht einleben kann. Auf seine Frage, ob es keine Bekannten meiner Eltern gebe, bei denen ich vorläufig unterkommen könnte, weiß ich keine Antwort. Sein Rat, wieder mit der Schule anzufangen, kommt gerade recht, ich möchte nichts lieber als das.

Er erhebt sich. Die Konsultation ist zu Ende. Er bringt mich zur Tür, legt die Hand auf meine Schulter: »Wenn du Schwierigkeiten hast und glaubst, ich könnte dir helfen, dann ruf mich an.«

Der Notar, dessen Namen meine Eltern mir schon in Westerbork eingeprägt hatten, wohnt in der Nähe. Er hatte ein wenig Geld und Gegenstände in Verwahrung genommen, als die Verfolgungen in Amsterdam und Apeldoorn begonnen hatten. Ein Kennwort war verabredet, falls einer von uns zurückkehren sollte. Im Lager hatte ich es erfahren. Damals fand ich es zwar absurd, aber spannend: wir teilten ein Geheimnis miteinander. Das gab mir ein Gefühl des Erwachsenseins, machte mir aber auch angst. Warum sollten wir nicht zusammen zurückkehren?

Vor der Kanzlei des Notars zögere ich zu klingeln. Durch die Fenster sehe ich Männer und Frauen an großen schwarzen Schreibmaschinen sitzen. Auf den Schreibtischen liegen Aktenstapel. Das Namensschild aus poliertem Messing flößt mir Respekt ein. Doch alle Leute im Büro scheinen zu wissen, wer ich bin. Ihre Herzlichkeit überrumpelt mich, macht mich verlegen. Der Notariatsgehilfe und der Buchhalter klopfen gemeinsam an der Tür des Notars. Er kommt mit ausgestreckter Hand aus seinem Büro. »Mein Gott, siehst du deiner Mutter ähnlich«, sind seine ersten Worte. Über die Schulter entschuldigt er sich bei seinem Mandanten.

Im Sprechzimmer weist er auf einen großen Lehnsessel und setzt sich mir gegenüber. Die Sekretärin bringt Tee und nickt mir zu, wie um mich zu beruhigen. Der Kopf des Notars glänzt im Licht der Schreibtischlampe. Das Haar an seinen Schläfen ist grau. Er ist älter als mein Vater. Er stellt wenig Fragen, und ich spüre, daß er sie mir ersparen will. Der Herr Koenen habe schon viel von mir erzählt, sagt er. Besorgt erkundigt er sich nach meiner Gesundheit und schiebt einen Hocker herbei, als er den Verband an meinem Fuß erblickt. Dann ruft er durchs Haustelefon seine Ehefrau an und meldet unser Kommen. »Du bleibst doch zum Essen? Später bringe ich dich dann heim.«

Auch seine Frau ist älter als meine Mutter, aber in ihrem braunen Haar ist weniger Grau als in dem meiner Mutter bei unserem Abschied, der Jahrhunderte und Sekunden zugleich zurückzuliegen scheint.

Das mütterliche Willkommen taut mich auf. Auch für mich ist gedeckt, und bald kommen vier Söhne und eine Tochter herein, wie Orgelpfeifen. Sie sehen mich neugierig an.

Die Schüsseln stehen auf dem Tisch. Notar Kuhlmann

senkt den Kopf, seine Frau und die Kinder tun es ihm nach. Alle bekreuzigen sich und sagen das Ave Maria deutlich und ohne zu stocken. Die Eltern beten vor. Ihre Augen sind geschlossen, aber die Kinder gucken durch die Lidspalten verwundert herüber zu mir, dem Fremden, der nicht weiß, was sich gehört. Nach der Mahlzeit wieder ein Gebet und Kreuzzeichen, aber jetzt ohne verständnislose Blicke. Der Vater hat während des Essens erklärt, daß ich einen anderen Glauben habe, zu dem andere Gebete gehören.

Wir sitzen in großen Plüschsesseln vor dem Kamin. Die Kinder sind ohne Protest zu Bett gegangen. Aus der Küche kommt vertrautes Klirren von Gläsern und Geschirr im Abwaschbecken. Notar Kuhlmann zündet eine Pfeife an und bläst den Rauch nachdenklich vor sich hin. Dann richtet er den Blick auf mich und fragt, ob es mir auf der Heide bei meiner Familie gefällt. Ich kann meinen Kummer nicht zurückhalten, auch nicht meine Tränen. Er hört zu und erstarrt. Ernst sagt er: »Es fällt mir schwer, etwas vor dir zu verschweigen, aber vielleicht noch schwerer, es dir zu sagen: Du weißt, daß deine Eltern mir ein wenig Geld und Sachen zur Aufbewahrung dagelassen haben. Sie haben ein Kennwort ausgedacht für den Fall, daß ihr nicht alle zurückkommen solltet.« Er zündet erneut die Pfeife an und entläßt Rauchwölkchen aus seinem Mund. Ich murmele leise das Kennwort, aber er schüttelt den Kopf. »Das meine ich nicht; ich weiß sehr gut, daß du es bist. Etwas anderes bedrückt mich, und ich fürchte, dich damit zu belasten: Ein paar Tage nach der Kapitulation – meine Kanzlei war noch nicht eröffnet – stand deine Tante vor der Tür und wollte mich sprechen. Sie stellte sich vor und sagte, ihr Mann sei der Bruder deines Vaters, und sie beide seien die einzigen Erben von deinen Eltern und dir. Was mich böse machte, war ihre Bemerkung, daß ihr sicherlich alle umgekommen wäret. Daß niemand von euch zurückkommen würde. Zur Sicherheit fragte ich sie nach dem Kennwort, doch sie blieb die Antwort schuldig. Ohne Gruß ging sie fort. Wütend. Danach habe ich sie nicht mehr gesehen. Sie scheint das Gerücht verbreitet zu haben, ich versuchte, euer Eigentum zu unterschlagen.«.

Ich traue meinen Ohren kaum. Die Ohnmacht, die mich während der groben Behandlung in ihrem Haus gelähmt hat, schlägt um in Wut. Ich stottere vor Zorn, und mein Entschluß steht fest: Ich gehe nicht mehr dahin zurück.

Er beugt sich vor, klopft mir aufs Knie und sagt: »Bei einem meiner Jungen steht ein zweites Bett. Wenn du damit vorliebnehmen willst, bleib bei uns. Du bist von Herzen willkommen.« Ich suche nach Worten, um meinen Dank auszudrücken, doch er wehrt ab, als sei sein Angebot etwas Selbstverständliches.

In den folgenden Wochen ist das Haus des Notars eine Oase des Friedens. Von »meneer« wird der Notar zum »Onkel«, von »mevrouw« seine Frau zur »Tante«, und ich, der ich nie einen Bruder oder eine Schwester hatte, werde meinerseits zum »Onkel« für das kleine Volk.

Allmählich verliert die Welt um mich herum das Bedrohliche. Meine Füße stehen auf festem Boden. Der eisige Fluß, der mich jahrelang mitgeschleppt hat, schmilzt. Die Zukunft ist noch neblig, aber nicht mehr imaginär.

Ich bin siebzehn Jahre alt, ohne Beruf, ohne Ausbildung. Das Lager war eine Schule für das Sterben, nicht für das Leben. Erinnerung an Schule und Hausarbeiten werden wach; an die Monate nach meiner Aufnahmeprüfung, als mutige Lehrer mir Privatunterricht gaben, weil die richtige Schule für jüdische Kinder versperrt war; als Lernen ein Zaubergarten war, in dem ich mich vor der täglichen Gefahr verstekken konnte.

Das alte Gebäude der Höheren Bürgerschule steht noch immer. Das Glockentürmchen, die Granitstufen, abgetreten von Tausenden von Kinderschuhen, die Klassenzimmer mit zerkratzten Bänken, alles ist seit 1941 unverändert.

Dr. Logeman, der alte Direktor, der während der Aufnahmeprüfung stundenlang auf knarrenden Schuhen durchs Klassenzimmer wanderte, um das Abschreiben zu verhindern, ist pensioniert. Ihn wollte ich sprechen, an ihn dachte ich sogar noch im Lager. Als wir im Polizeigefängnis von Apeldoorn hinter Gittern saßen, war er es, der mir durch die Stäbe ein Mathematikbuch zusteckte und heiser sagte: »Nimm das mit, vielleicht kannst du dort damit weitermachen. Ich möchte dir nur eine gute Reise wünschen.«

Der neue Direktor, Herr Ingenieur Koers, ein hochgewachsener Mann mit strengem Gesicht, ungelenk bei der Begrüßung und ungelenk sogar, wenn er eine Pfeife zwischen die Zähne steckt, ist sachlich und distanziert. Meine Aufnahmeprüfung ist noch gültig, aber ich muß alle Klassen durchlaufen. Er wundert sich, als ich mein Alter sage, und fragt nach dem Grund meines späten Beginnens. Ein Stückchen meiner Geschichte genügt, damit er auftaut. Sein Rat beruhigt mich: ich soll den Lehrstoff der ersten zwei Klassen zu Hause durch Privatunterricht bei einem Lehrer nachholen und dann einen Test für das dritte Jahr machen. Er ruft seinen alten Kollegen an, redet zunehmend lebhafter, erklärt ihm, worum es geht, und legt ein gutes Wort für mich ein, als er hört, daß eigentlich kein Platz mehr ist, denn auch aus Niederländisch-Indonesien gibt es Kinder, die viele Jahre Unterricht versäumt haben. Zufrieden teilt er mir mit, daß ich schon bald anfangen könne.

Notar Kuhlmann freut sich über meinen Bericht und meint, ich brauche eine Unterkunft mit Verpflegung, wo ich ruhig, ungestört durch Kinderlärm, studieren kann.

Mevrouw Posthuma, die Witwe eines Widerstandskämpfers, der kurz vor der Befreiung standrechtlich erschossen worden war, wohnt in einer Allee nahe der Bürgerschule. Sie begrüßt uns in Friesisch, die Sprache, die mein Vormund und sie aus ihrer Jugend bewahrt haben, und spricht sofort Holländisch weiter, als sie meine Verwunderung bemerkt.

Keinen Augenblick zögert sie, seine Bitte zu erfüllen, die er schon telefonisch an sie gerichtet hat. Sie geht vor uns die Treppe hinauf. Das vordere Zimmer im ersten Stock mit Aussicht auf die Allee bekommt von zwei Seiten Licht. Eine Balkontür gewährt Zutritt zu einer Veranda, die über einem Wintergarten liegt. Bemooster Kies liegt darauf, und es sieht aus, als hätte ihn seit Jahren niemand betreten. Ein Waschbecken mit Marmorplatte und Kupferhähnen hängt in einer Nische. Ein Küchentisch und ein gepolsterter Stuhl stehen vor dem Fenster. Auf dem Tisch liegt ein kariertes Wachstuch. Das breite Bett steht an der Wand. Kopf- und Fußende haben weißlackierte Stäbe mit Kugeln an den Enden. Ein hellgrüner Petroleumofen der Marke Aladdin steht in einer Ecke. Im Zimmer ist es kühl und ein bißchen feucht. Ihr Gesicht scheint älter zu werden, als sie sagt: »Das war unser Schlafzimmer.« Dann gewinnt sie ihre Fassung wieder und legt den weichen Arm um meine Schulter: »Ich werde das Zimmer für dich gemütlicher machen. Du wirst hier in Ruhe studieren können.«

Der Umzug ist leicht. Sogar ein Lieferrad ist zu groß. An der Wand meines neuen Zimmers hängen jetzt kleine Bilder von der Veluwer Heide mit Schäfer und Schafstall. Die Einrichtung ist durch einen Korbsessel, eine Schreibtischlampe und ein Bücherregal ergänzt worden. Die klamme Kälte ist geblieben. Der nasse Herbst leckt an der Balkontür.

Eine große dicke Frau öffnet die Haustür. Verstört mustert sie mich. Ich habe wohl zu heftig an der Klingel gezogen, denke ich. »Bist du der neue Schüler? Mein Mann ist oben bei den anderen Schülern. Er weiß doch, daß du kommst? Du brauchst sicher Nachhilfe für die Abschlußprüfung?« Ich geniere mich, dieser bäurischen Frau zu gestehen, daß ich mit der ersten Klasse anfangen muß. Sie zeigt mir den Weg zum Unterrichtszimmer, legt mir ans Herz, künftig leiser zu klingeln, und verschwindet ins Wohnzimmer.

Oben höre ich Gemurmel. Etwa zehn Schüler sitzen an kleinen Tischen vor ihren Büchern und Heften. Herr Van Dijk beugt sich über einen von ihnen und zeigt ihm etwas. Als er mich in der Tür sieht, kommt er auf mich zu und zieht mich mit in den Gang. Wir stellen uns einander vor. Über den Stand meiner Kenntnisse brauche ich ihm nicht viel zu erzählen, der Direktor hat ihm schon Bescheid gesagt. Er teilt mir mit, er werde mir bei den Sprachen und bei den Fächern helfen, in denen keine Mathematik vorkommt. Entschuldigend sagt er, er sei ein echter Geisteswissenschaftler, aber sein Assistent habe einen guten Kopf für Mathematik. »Der wird dir alle naturwissenschaftlichen Fächer beibringen. Und dann noch etwas: Du wirst dich tüchtig ranhalten müssen, sonst ist es schade um unsere Zeit und dein Geld.« Er macht eine besorgte Miene und fügt hinzu: »Du hast doch Geld?«

Die Röte steigt mir ins Gesicht. Ich nicke unsicher und hoffe im stillen, daß genug Geld da ist, um diese Extravaganz zu finanzieren. An Geld habe ich noch nie gedacht, und seit meiner Rückkehr hat sich nichts daran geändert. Ich weiß nicht einmal, wie lange ich noch zur Schule gehen kann, ohne Arbeit suchen zu müssen. Niemand hat je Bezahlung von mir verlangt. Wie in einem Traum habe ich alles angenommen, ohne den Preis zu wissen oder mich nach dem Preis zu erkundigen. Ich nehme mir vor, den Notar um Rat zu fragen, sage aber jetzt schon, daß ich am Unterricht teilnehmen will.

Während eines Besuchs in seiner Kanzlei brauche ich nicht lange auf Antwort zu warten. Die Versteigerung des Hausrats meiner Eltern wird genügend erbringen, um die Schuljahre zu überbrücken, wenn ich es schaffe, sparsam zu leben.

Jeden Nachmittag sitze ich zwischen Kindern, die unter dem wachsamen Auge der beiden eifrigen Lehrkräfte ihre Hausarbeiten machen. Ihnen fehlt es an Sitzfleisch oder an Verstand, die Aufgaben allein zu bewältigen. Ich fühle mich wie Gulliver unter den Liliputanern. Auf meinem Tisch liegen die Schulbücher in hohen Stapeln, und ich verschlinge ihren Inhalt wie ein Hungriger ein Festmahl. Gierig sammle ich die Kenntnisse, die mir jahrelang vorenthalten wurden. Meine Lehrer lassen sich mitreißen und widmen mir viel Zeit.

Mein Gedächtnis läßt sich wieder trainieren wie ein Pferd. Die Vergangenheit wird von Schulwissen überspült, aber das rächt sich nachts in meinem eisernen Bett. Schreiend schlage ich die Alpträume von mir weg, und meine Wirtin kommt fassungslos nachschauen, was sich in meinem Zimmer abspielt. Schon bald hat sie sich daran gewöhnt und bringt mir warme Milch, um mich zu beruhigen. Auch ihre Nächte werden von Träumen gestört, bekennt sie mir. Den Inhalt der Spukbilder verschweigen wir voreinander. Frühmorgens, lange vor dem Frühstück, sitze ich an meinem Tisch unter der grellen Schreibtischlampe, mache Rechenaufgaben, pauke Grammatik, lerne Vokabeln, Städte und Flüsse. Die Zerstörungen im Altertum und Mittelalter erscheinen harmlos gegen das, was sich in unserer Gegenwart zugetragen hat.

Bei Tisch bin ich schweigsam, während meine Hausgenossen fröhlich plappern. Die drei Kinder – das älteste fast so alt wie ich – behandeln mich, als wäre ich schon im vorgerückten Alter. Ihren Späßen bin ich nicht gewachsen. Sie meinen es gut, können aber nicht verstehen, daß ich ein Außenseiter bin.

In ein paar Monaten schaffe ich, wozu jüngere Schüler Jahre benötigen. Es ist keine Last, es schenkt Vergessen.

Nach ein paar Prüfungen im Frühjahr 1946 betrete ich das alte Schulgebäude. Der hochgewachsene Direktor geht mir voran und klopft an das Türfenster der dritten Klasse. Ein Lehrer mit Glatze, von dunklem Haar umkränzt, schaut vom Buch auf, aus dem er vorliest. Die neugierigen Augen der Schüler sind auf mich gerichtet. Herr Koers stellt mich vor. Die Furcht, er könnte mein Taufgeheimnis lüften, ist unbegründet. Für die Klasse bin ich bloß ein »Neuer«. Der Lehrer weiß schon Bescheid. Seine braunen Augen schweifen interessiert über mein Gesicht, als käme ich von einem anderen Erdteil. Er stellt sich vor, lächelt freundlich und sagt, ohne mich anzusehen: »Ich bin der Deutschlehrer.« Ich erschrecke nicht. Er führt mich zu einer Schulbank in der dritten Reihe, wo ein großes Mädchen auf dem anderen Platz sitzt. Sie lacht mich an, nimmt ihre Tasche von meinem Platz und flüstert: »Ich bin Herma.«

Als der Direktor gegangen ist, geht der Unterricht einfach weiter. Alle beugen sich über das flache grüne Buch, das vor ihnen liegt. Herma zeigt mir das Titelblatt: *Schwere Wörter*. Während meiner Privatstunden habe ich es bereits durchgelesen und fand es gar nicht schwer. Die Redewendungen waren mir vertraut und selbstverständlich. Zu Hause hatte ich früher nichts anderes gehört, doch hier stammeln alle bei jedem Satz und jeder Frage. »Schwer« ist es für mich keineswegs. Der Vorsprung gibt mir Selbstvertrauen, und als Herma bei einer Frage stottert, sage ich ihr vor.

Es sind noch zehn Minuten, bis die Pausenglocke läutet. Der Lehrer nimmt ein anderes Buch und trägt in Deutsch ein Gedicht vor. Die erste Zeile öffnet den Vorhang meiner Erinnerung. Meine Lippen bewegen sich mit. Schon vor fünf Jahren konnte ich es aufsagen. Damals brachte ich die sorgenvollen Gesichter meiner Eltern und unserer Hausgenossen zum Lachen: »Palmström steht an einem Teiche und entfaltet groß ein rotes Taschentuch: Auf dem Tuch ist eine Eiche dargestellt sowie ein Mensch mit einem Buch ...«

Dr. Berkhout hält inne mit dem Vorlesen, und ich spüre das Schweigen der Klasse. Er ermutigt mich, laut weiterzusprechen. Die nächsten Zeilen sage ich auf wie im Traum. Der Applaus meiner Mitschüler bringt mich in die Gegenwart zurück. Sie lachen über das Gedicht, nicht über mich. Das Eis ist gebrochen.

In der Woche darauf lerne ich die anderen Lehrer kennen. Männer und Frauen mittleren Alters, in Anzügen und Kleidern, die den Krieg nicht ohne abgewetzte Stellen überstanden haben. Sie unterrichten mit Hingabe und erwarten von ihren Schülern denselben Eifer. Aber bei vielen ist die Disziplin zum Lernen im letzten Kriegsjahr abhanden gekommen. Sie schwänzen zwar nicht die Schule, aber die Lehrer müssen sie mitziehen wie Wolgaschlepper.

Für mich bedeuten die Schulstunden Entspannung und Erlösung von bedrückenden Erinnerungen. Nachmittags in meinem Zimmer mache ich die Hausaufgaben und gebe mich nicht zufrieden mit der geringen Menge der Aufgaben, die in meinem Notizbuch verzeichnet sind. Bis abends sitze ich über den Büchern. Ich verschlinge sie wie Romane. Mit einer Dekke um die Beine gegen den kalten Luftzug, der durch die Ritzen der Balkontür hereinweht, schlage ich Seite nach Seite um, mache mathematische Aufgaben, präge mir reihenweise Wörter und Jahreszahlen ein, sage Städte, Flüsse, physikalische Gesetze und chemische Formeln auf. Mein Leben hat die eintönige Farbe des Einschlagpapiers, das meine Schulbücher schützt, aber sie halten die Gespenster von mir fern.

Meine Wirtin findet, ich sei nicht gesellig, aber ich weiß nicht mehr, was »gesellig« ist. Manchmal höre ich mit ihr und den Kindern die Radiosendung »Bunter Dienstagabendzug« oder ein Hörspiel. Durch den Lautsprecher des Drahtfunks dringen die Sendungen in das geheizte Wohnzimmer, aber das schallende Gelächter bei den Späßen von »Snip und Snap« oder die Spannung bei einem mysteriösen Kriminalfall wollen bei mir nicht aufkommen. Die Besuche am Sonntagmittag bei meinem gastfreundlichen Vormund schenken mir zwar ein Gefühl der Geborgenheit, aber es vermischt sich mit dem Kummer um meine eigenen Eltern.

In den Ferien, wenn die Sonne es gut meint, fahre ich ziellos mit dem Rad über die Veluwer Heide, Bücher und Butterbrote auf dem Gepäckträger. Um eine menschliche Stimme zu hören, knüpfe ich Gespräche an mit Wanderern, die auf einer Bank ihr Brot verzehren. Die Alleen dort, wo wir gewohnt haben, meide ich. Das Haus aus gelbem Backstein mit dem Garten, in dem meine Eltern mit großer Mühe Stachelbeersträucher am Leben zu halten versuchten, möchte ich wiedersehen, doch ich fürchte die Erinnerungen. Der Kreis, in dem ich wochenlang um den Bezirk herumradle, wird immer kleiner, bis ich an einem Frühlingsabend mit klopfendem Herzen vor dem hölzernen Gartenzaun stehe. Das Haus starrt mich mit toten Augen an. Die Sträucher sind verschwunden. Eine struppige Ligusterhecke umsäumt einen räudigen Rasen. Die schweren Gardinen vor den Fenstern verhindern den Einblick. Die Farbe der Fensterrahmen blättert ab. Der Pfad zur Haustür ist unverändert. Ich getraue mich nicht, ihn zu betreten. Mein Trommelfell hat das Knirschen des Kieses bewahrt, das die Männer machten, bevor sie an unserer Tür hämmerten.

Ein paar Tage später überwinde ich meine Furcht. Meine Wirtin hat mir Mut zugesprochen. »Vielleicht gibt es noch Fotos oder Sachen von deinen Eltern. Die Bewohner werden das sicherlich verstehen.«

»Ich habe hier mit meinen Eltern bis Oktober 1942 gewohnt und möchte Sie fragen, ob Sie noch etwas von uns gefunden haben. Fotos oder Papiere oder dergleichen.« Ihre blaßblauen Augen sehen mich feindselig an. Sie steht auf der Schwelle der halboffenen Tür, dreht sich um und schreit jemandem im Hintergrund zu: »Hier ist der Junge der Judenfamilie, die früher hier gewohnt hat.« Ich höre einen Mann sagen, daß die Eltern schon selbst herkommen müßten. Mit Mühe bringe ich heraus, daß sie nicht zurückgekommen sind, aber sie tut, als sei sie taub, und schließt die Tür, ohne ein Wort zu sagen. Fassungslos gehe ich auf dem knirschenden Pfad zurück.

Ich sehe, daß sich im Haus nebenan Gardinen bewegen. Ich erkenne unsere ehemalige Nachbarin an ihrem schwarzen Haarknoten und den roten Bauernwangen. Sie scheint mich nicht zu sehen, doch in einem plötzlichen Impuls entschließe ich mich, bei ihr zu klingeln. Ich sehne mich nach einem vertrauten Gesicht.

Meine Eltern sprachen selten mit dem ein wenig steifen

Ehepaar. Ihr kleines Töchterchen mit den blonden Zöpfen war keine Spielkameradin für mich. Der Altersunterschied von sechs Jahren war zu groß und die Kluft des Glaubens zu tief. Ihre Eltern riefen sie streng zurück, wenn sie es wagte, den Ball zurückzuholen, wenn er in unseren Garten gefallen war. Mevrouw M. begrüßt mich freundlich, aber erstaunt. Sie erkennt mich und bittet mich herein. Zum erstenmal sehe ich ihr Wohnzimmer. Sie errötet, als sie sich nach meinen Eltern und unseren Hausgenossen erkundigt. Meine Antwort erschüttert sie, und sie versucht, ihre Verwirrung zu verbergen, indem sie in den Gang geht und nach ihrem Ehemann ruft. Seine schweren Schritte dröhnen auf der Treppe. Als er in der Tür erscheint, stockt mir der Atem.

Noch bevor ich seine Augen sehe, sehe ich seinen Anzug. Es ist ein Anzug meines Vaters, der graue Anzug mit dem Fischgrätenmuster. Sein strenges Bürokratengesicht läuft rot an, und ohne Umschweife gibt er zu, daß er gleich nach unserer Verhaftung ins Haus gegangen ist, um nachzusehen, was brauchbar war. »Die SS hätte doch alles beschlagnahmt. Wir haben fast nichts retten können, nur ein paar Bettdecken und dies.« Er zeigt auf den Anzug, den er trägt. »Du kannst ihn natürlich wiederhaben.« Ich weiß nicht, was ich sagen soll, und bringe mühsam heraus, er solle ihn nur behalten, er würde mir ohnehin nicht passen.

Zurück in meinem Zimmer, gewinnt das Selbstmitleid die Oberhand. Meine mütterliche Wirtin versucht mich aufzuheitern mit Törtchen, die sie auf den kargen Bezugsscheinen erstanden hat. Ihre Kinder und die anderen Pensionsgäste teilen das Festmahl aus Schlagsahne und Schokolade, und im Rausch der Verbrüderung schmelzen meine Wut und mein Kummer dahin. Jan, ihr ältester Sohn, überwindet seine Zurückhaltung und lädt mich ein, seine Habseligkeiten zu besichtigen.

Am nächsten Abend geht er mir auf der Dachbodentreppe voran. Er macht das Licht an und zeigt stolz wie ein Räuberhauptmann in die Runde. Wie Orgelpfeifen stehen da Dutzende von Granatenhülsen von ganz groß bis ganz klein. Er hat sie in den Wäldern um die Stadt aufgelesen und zu Hause blank geputzt. »Die Zündhütchen stecken noch drin«, sagt er selbstsicher. Er öffnet ein altes Büfett voller Zigarrenschachteln, in denen Hunderte runder und rechteckiger Plättchen aus schwarzem Material liegen. »Schießpulver von den Moffen. Damit kannst du den Ofen anzünden. Es brennt phantastisch und ist nicht gefährlich.« In mir kommen Zweifel auf, aber ich will ihm nicht die Illusionen nehmen. Aus einer Schublade des Schränkchens holt er mit geheimnisvoller Geste, wie um mich noch mehr zu überraschen, eine Pistole mit sehr weitem Lauf hervor. »Eine Leuchtpistole, die sie bei der Marine und der Luftwaffe benutzt haben«, erklärt er. Mir wird ängstlich zumute. Seine Schatzkammer macht mir eine Gänsehaut.

Er macht vor, wie das Ding mit ausgestrecktem Arm gehalten wird. Sein Finger krümmt sich am Abzug. Ein ohrenbetäubender Knall zerreißt die Stille auf dem Dachboden. Wo vorhin ein Dachfenster war, ist jetzt ein großes Loch, in dem der Himmel in einem Wirbel aus lila Licht sichtbar wird. Unser Schrecken geht über in johlendes Gelächter. Seine Mutter kommt schreiend heraufgestürmt, schimpft ihm die Hucke voll und prustet plötzlich los. Durch das Loch betrachten wir das Feuerwerk da draußen, und ganz kurz kommt es mir vor, als hätte er meine Sorgen fortgeschossen. Ich habe das Lachen nicht verlernt.

Das Ende des Schuljahres kommt in Sicht. Es war zu leicht, zu einfach. Ein Strandspaziergang mit Bergstiefeln. Meine Lehrer pflichten mir stirnrunzelnd bei. Ihre Sorge um meine Gesundheit rührt mich.

An einem warmen Junitag gehe ich ins Waldbad am Stadtrand von Apeldoorn. Es ist unverändert seit dem letzten Mal, als ich mit meinen Eltern hier war und versuchte, Brustschwimmen zu lernen. Ein paar Klassenkameraden schwimmen wie Delphine im Wasser und setzen sich triefend neben mich zum Verschnaufen. Einer von ihnen sieht die blautätowierte Nummer auf meinem Arm und fragt arglos nach der Bedeutung. Die Antwort bleibt mir wie eine Gräte in der Kehle stecken. Ich fühle mich entlarvt und verlasse unwirsch die ahnungslose Gesellschaft.

Die vertrauliche Atmosphäre in meiner Klasse ist wie durch Zauberschlag verschwunden. Ich bilde mir ein, in ein Netz aus Klatsch verstrickt zu sein, und weiche den fragenden Blicken aus. Die Mitschüler sind noch genauso nett zu mir wie früher, und Herma bemuttert mich mehr denn je, und dennoch hat sich eine gläserne Wand um mich geschoben. Finden sie, ich sei ein Streber, weil ich sie überhole? Nichts weist darauf hin. In der Pause bin ich noch immer als Ratgeber gefragt. Aber zwischen uns gähnt die Kluft der Vergangenheit, und mir fehlen die Worte, um eine Brücke zu schlagen.

Auf den Straßen und Plätzen von Apeldoorn stehen Wahltafeln auf weichen Beinen aus Brennholz. In den Vorgärtchen schwanken sie leicht hin und her im warmen Frühlingswind. Ich radle durch die Alleen der Stadt und betrachte die Namen und Wahlsprüche der vielen Parteien, die zu den ersten Wahlen nach dem Krieg um die Stimmen der Bürger werben. Ich bin noch zu jung, um eine Partei zu bevorzugen, und könnte auch gar keine Wahl treffen. Die Wörter auf den Tafeln klingen hohl. »Wiederaufbau« heißt die Devise, aber wer baut uns wieder auf, die Überlebenden aus dem Hades, die Widerstandskämpfer und jene Unzähligen, die alles verloren haben?

Mein Chemielehrer und seine Frau empfangen mich herzlich. In ihrem Garten steht eine Tafel mit den Buchstaben CPN, für die kommunistische Partei, doch über Politik wird ebensowenig gesprochen wie über ihre Hilfe für Juden während der Kriegsjahre. Ich kenne ihn flüchtig aus dem Unterricht in der Schule. Ein bißchen jähzornig, ein bißchen verlegen, gegen die Dummen ironisch, die Interessierten anspornend. Bewundernd habe ich ihm während der Musikstunde im Gymnastiksaal zugehört, wo er mit Beethoven- und Schubert-Sonaten selbst die lautesten Schüler zum Schweigen bringen konnte.

Nach der Schule hat er mit mir gesprochen. Er auf dem Labortisch sitzend, ich auf dem Schreibpult einer Schulbank. Als Erwachsener zu einem Erwachsenen. Ob ich die vorletzte Klasse überspringen möchte, ob ich es fertigbrächte, in den Sommerferien durchzuarbeiten? Es ist, als hätte er meine Gedanken gelesen. Nichts möchte ich lieber, aber ich weiß nicht, wie. Im Wohnzimmer steht ein Flügel mit offenem Deckel und einer Partitur auf dem Notenhalter. Ein Cello lehnt in einer Ecke. Seine Frau bringt Tee und Kekse. Er sucht nach Worten, um ein paar Fragen nach meiner Lagervergangenheit so zu formulieren, daß sie für mich nicht peinlich sind; beide sind sichtlich bewegt.

Dann wird er plötzlich sachlich, als wollte er Erinnerungen von sich abschütteln. »Ich habe mit meinen Kollegen gesprochen. Sie wollen dir mit Büchern und Ratschlägen helfen. Nur die Mathematiklehrerin muß die Stunden bezahlt bekommen, aber das werden wir schon regeln. Wenn du willst, kannst du schon vor dem offiziellen Ende des Schuljahres beginnen und dann im Herbst versuchen, in der Examensklasse mitzuhalten. Du kannst herkommen, so oft du willst. Ena und ich werden dir helfen, wo wir können.«

Wir sprechen über seine Liebe zur Musik. Als er in mir auf Resonanz trifft, die schon in meinen Kinderjahren angelegt wurde, spielt er Schubert-Lieder, die mein Vater früher gesungen hatte. Hin und hergerissen höre ich zu. Wehmut und Abwehr kämpfen um die Wette. Die Vergangenheit darf mich nicht lähmen.

Der Lehrstoff des vorletzten Jahres ist zäher und umfangreicher, als ich vermutet hatte. Der Erfolg der vergangenen Monate hat mich zur Überheblichkeit verleitet. Ich brauche jetzt unbedingt Hilfe.

Die Mathematiklehrerin wird rot vor Anstrengung. Nach einer falschen Antwort schüttelt sie heftig den Kopf. Dann schwenken ihre aufgerollten Zöpfe wie lose Kopfhörer hin und her. Mein Bleistift gleicht einem abgenagten Süßholzstöckchen. Nach zwei schweren Stunden schnaufen wir wie nach einem Marathonlauf.

Abends fahre ich durch schlecht erleuchtete Alleen zu meinem Chemielehrer. Er will mir seine Liebe für die Naturwissenschaften übertragen, holt Bücher von berühmten Gelehrten aus dem Regal und versucht, mir Theorien zu erklären, die mein Auffassungsvermögen bei weitem übersteigen.

Eine Katastrophe trifft Apeldoorn. Ein junger Fliegerunteroffizier stürzt auf das Gebäude der Christlichen Höheren Bürgerschule ab. Einundzwanzig Schüler kommen jämmerlich um. Der Pilot wollte seiner Mutter, die gleich hinter der Schule wohnt, zeigen, was er schon konnte. Sie stirbt an Herzversagen. Die Stadt trauert. Die Schule trauert mit. Der Bruder des

Fliegers besucht die oberste Klasse. Die Katastrophe hat ihn betäubt und in mir die Angstbilder von Rotterdam erstehen lassen. Mit bangen Vorgefühlen gehe ich zu meinem Chemielehrer. Sein Haus steht keine hundert Meter von der Unglücksstätte entfernt. Obwohl die schwarzversengte Schule einen schrecklichen Anblick bietet, legt sich meine Panik, als ich sehe, daß sein Haus unversehrt ist. Zum Glück leben sie noch, sage ich egoistisch zu mir selbst.

Der Sommer geht fast unbemerkt vorbei. Sogar die Balkontüren lasse ich nur selten offen am Haken klappern. Meine Konzentration darf nicht durch fröhliche Kinderstimmen gestört werden. Die Versuchung der Sommerabende versage ich mir. Nicht nur aus Arbeitseifer, denn mit wem sollte ich sie verbringen? Das sommersprossige Mädchen, das ich in jenem Jahr auf der Grundschule aus der Ferne angebetet habe, wohnt nicht mehr hier. Der Friseur, ihr übernächster Nachbar, hat mir grinsend erzählt, er habe die »Moffenhure« nach der Befreiung kahlscheren geholfen.

Als das Schuljahr beginnt, fühle ich mich noch nicht ganz bereit für die Examensklasse. Erst im Oktober muß ich auf den fahrenden Zug springen, aber ich habe schreckliche Angst davor. Studieren als mildernde Medizin zum Vergessen gehört der Vergangenheit an. Das Arzneimittel scheint Nebenwirkungen zu bekommen. Alpträume stören meinen Schlaf. Examinatoren mit dem Gesicht von Seyss-Inquart, Streicher oder Göring stellen mir Fragen, die ich nicht beantworten kann. Klatschnaß erwache ich und beruhige mein Gehirn mit algebraischen Funktionen und naturwissenschaftlichen Formeln. Das vertreibt die Gespenster.

Mein Spiegelbild wird hohläugig. Die Wirtin schickt mich zum Arzt, aber der stinkende Baldrian hilft nicht.

Die Zeitungsberichte über den Nürnberger Prozeß gehen nicht unbemerkt an mir vorbei, aber ich verschlinge sie auch nicht. Die biblische Geschichte von der Frau Lots bekommt eine Bedeutung. Sich nach dem Totenreich umzusehen ist gefährlich. Wenn mein Vormund zögernd fragt, wie ich über den Prozeß denke, gerate ich in Verwirrung. Die Fotos der Henker widern mich an, und ich versuche, sie aus meinem Kopf zu verdrängen. Erst wenn ich sicher weiß, daß sie die Todesstrafe bekommen, werde ich beruhigt sein. Ich sage ihm das, und er begreift meine Unversöhnlichkeit. Ob er sie für richtig hält, bezweifle ich, denn sein Glaube gebietet Vergebung.

Der 2. Oktober, der schwarze Tag unserer Verhaftung vor vier Jahren, bringt endlich ein wenig Genugtuung. Im Leitartikel der *Apeldoornse Krant* steht mit großen Buchstaben, daß gestern das Urteil gefällt wurde. Von den zweiundzwanzig Angeklagten werden zwölf zum Tode verurteilt, und sieben müssen für lange Zeit ins Gefängnis. Hitler, Göring und Bormann haben selbst Hand an sich gelegt. Das Gnadengesuch von Seyss-Inquart wurde zum Glück abgewiesen. In Nürnberg, wo Hitler unser Todesurteil herausbrüllte, wurde es jetzt über seine gewissenlosen Handlanger verhängt. Ich bin den Richtern dankbar, fürchte aber, daß ihr Urteil uns nicht von den Alpträumen und von unserem Kummer erlösen kann.

Ausgerüstet mit einem Kopf voll Schulwissen werde ich vom Direktor der Realschule in den Physiksaal geleitet. Dr. Vijverberg nickt zerstreut und weist mir einen Platz zu. Die Schüler beachten mich nicht. Sie haben ein Blatt Papier vor sich; der Lehrer steht vor der Tafel und schreibt darauf die Aufgaben.

Das Herz klopft mir in der Kehle. Als er sich umdreht, wage

ich ihn zu fragen, ob ich jetzt sofort mitmachen soll. Er nickt unnachsichtig. Beklommen gehorche ich.

Über die gebeugten Rücken der sich abplagenden Schüler hinweg starre ich auf die Tafel. Einige Aufgaben lassen etwas in mir anklingen, doch die übrigen rufen nur ein großes Fragezeichen auf. Das Ächzen in der Klasse und das Nagen an Federhaltern und Bleistiften wirken nicht eben beruhigend.

In der Pause tauschen die Jungen lauthals Informationen aus, um ihre Unsicherheit über die eigene Arbeit mit den anderen zu messen. Ich stehe verloren daneben und höre zu. Das Herz rutscht mir in die Schuhe, als ich Lösungen vernehme, die nicht mit den meinen übereinstimmen. Einer der Jungen fragt mich, was ich herausbkommen habe. Er hat einen hochgekämmten Haarschopf, und seine Wangen verraten, daß er sie täglich rasieren muß. Er bemerkt meine Unsicherheit. »Ach was, vergiß es, wenn wir es verpatzt haben, machen wir es eben noch einmal«, lacht er mit seiner Baßstimme. »Wir wollen unser Genie Jan mal fragen, der weiß alles.« Jan, bleich und mager, mit einem freundlichen Mausgesicht, zählt die Ergebnisse auf, als lese er eine Einkaufsliste. Ich fürchte, mein Comeback in der Schule verpfuscht zu haben.

Lange brauche ich nicht auf den Urteilsspruch zu warten. Ein Ungenügend bestätigt mein banges Vorgefühl, doch der Lehrer nimmt es ziemlich leicht. Der Junge mit dem Baßlachen hat eine Note, die noch schlechter ist als meine, aber seine gute Laune ist ungebrochen. Nach der letzten Stunde schließt er sich mir an, fragt mich ungeniert aus, erzählt mir von seinem Zuhause, das in der Nähe liegt, und von seinen vergeblichen Versuchen in den vergangenen Jahren, die Abschlußprüfung abzulegen.

Schneller als ich zu hoffen wagte, hat die Klasse mich in ihrer Mitte aufgenommen. Nur wenige Jungen sind richtige Schulkinder, die die Klassen brav durchlaufen haben. Ich bin nicht mehr der Älteste. Durch die Lagervergangenheit in Indonesien sind einige Jungen vorzeitig zu Männern gereift. Mein Nachbar hinter mir hat sogar, zusammen mit seinem Vater, am bewaffneten Widerstand teilgenommen und will jetzt wieder in ein normales Leben zurückkehren. Wir lassen die Vergangenheit ruhen, außer in vertraulichen Momenten unserer Freizeit. An dämmerigen Abenden im Hause meines scheinbar unbekümmerten Freundes schlagen seine Eltern vorsichtig das Thema an. Ich ziehe mich nicht mehr zurück wie eine erschreckte Schnecke.

Das Weihnachtszeugnis gibt mir die Sicherheit, daß ich trotz meines Ausrutschers am Anfang auf dem richtigen Weg bin. In der Regelmäßigkeit des Schullebens finde ich Ruhe. Meine Klassengenossen werden zu Kameraden. Die Lehrer sind offen und behandeln uns wie ihresgleichen.

Nur ein Vorfall droht den Frieden zu stören. Ein etwas älterer Erdkundelehrer, der seine Popularität dem Erzählen zynischer Witze verdankt, hält einen Vortrag über die Bevölkerungsgruppen der Welt, über ihre Unterschiede in Hautfarbe, Körperbau und Kultur. In seinen Bericht schlüpfen ironische Bemerkungen über Neger und Asiaten. Meine Klassengenossen aus Indonesien rutschen unruhig in den Bänken hin und her. Unempfindlich für die veränderte Atmosphäre im Raum, macht er weiter und spuckt Vorurteile über die Juden aus, die mir grauenhaft bekannt in den Ohren klingen. Ohnmächtige Wut steigt in mir auf. Ich werde kreidebleich und kann die Tränen nicht zurückhalten.

Die dunkle Stimme meines Freundes dröhnt durch die

Klasse. Er steht neben seiner Bank und schreit den Lehrer an, er solle seine Naziparolen für sich behalten. Der Lehrer versucht, ihn autoritär zum Schweigen zu bringen. Das macht ihn vollends rasend. Er läuft nach vorn, packt den Mann beim Arm, dreht ihm den Arm auf den Rücken und stößt ihn so zur Klasse hinaus. Die Klasse johlt und applaudiert. Zum ersten Mal in meinem Leben fühle ich mich einigermaßen sicher.

Wir besuchen einander, bereiten uns auf die Prüfung vor und tauschen Bücher aus. Die langen Literaturlisten schrecken fast alle anderen ab, aber für mich öffnet sich eine neue Welt. Die Stadtbibliothek ist eine Schatzkammer, obwohl die deutsche Abteilung während der Besetzung nahezu leergeraubt wurde.

Ein kleiner jüdischer Mann, der das Untertauchen überlebt hat, versucht, Ordnung zu schaffen. Ich kenne ihn von früher, als er in unserem Wohnzimmer mit meinem Vater Gespräche führte. Seinen deutschen Akzent hat er noch immer nicht verloren. Ich weiche seinen ungeschickten Fragen aus, doch als er erzählt, daß die Töchter der Herzensfreundin meiner Mutter bei einer Familie in Heemstede den Krieg überlebt haben, bin ich ganz Ohr. Auch ihre Eltern sind nicht zurückgekommen. Im selben Jahr wie wir waren sie aus Deutschland geflohen, und in Rotterdam hatten wir uns wiedergefunden. Ich will die Mädchen sehen, ihre Geschichte hören.

An einem herbstlichen Sonntagmorgen stehe ich vor dem Haus, das mir die Pflegemutter der beiden Mädchen telefonisch beschrieben hat. Sie klang, als legte sie keinen besonderen Wert auf meinen Besuch, zauderte aber aus Furcht, den Kindern etwas vorzuenthalten.

Ein Mann mit strengem Gesicht und dicker Brille macht auf. Mit gerunzelten Brauen sieht er mich an. Sein Händedruck ist kalt und schlaff. In seinem schwarzen Sonntagsanzug und mit der schwarzen Krawatte ähnelt er einem Pastor. Seine Frau ist ebenfall dunkel gekleidet. Ihr Gesicht ist gefurcht, doch es sind keine Lachfalten. Ihr Willkommen klingt kühl. Das Zimmer ist ungemütlich und dunkel. Auf einer Tischdekke aus Wachstuch stehen fünf Becher und fünf Teller. Sie ruft unten an der Treppe nach den Mädchen. Schüchtern betreten sie das Zimmer: bleiche Schatten mit starren Gesichtern, in langweiligen blauen Kleidern.

Es ist kein Wiedersehen. Sie erkennen mich nicht, und ich suche in ihren Mienen nach den Kindergesichtern meiner Erinnerung. Sie sprechen fast unverständlich leise. Meine Fragen nach früheren Zeiten beantworten sie widerwillig und mit knappen Worten. Immer wieder tritt Stille ein, die mich beklommen macht. Die Pflegeeltern geben sich keine Mühe, sie zu überbrücken.

Unschlüssig bitten sie mich, ein Butterbrot mit ihnen zu essen. Wir gehen zu Tisch. Vor dem Herrn des Hauses liegt eine große Bibel. Mit salbungsvoller Stimme liest er einen Abschnitt aus dem Neuen Testament. Danach beten alle laut mit geschlossenen Augen und gefalteten Händen. Während der Mahlzeit sagt niemand ein Wort. Als ich das Schweigen brechen will, werde ich mit einer einsilbigen Antwort abgespeist. Die Mädchen sehen mich strafend an, als hätte ich ein wichtiges Gebot übertreten. Nach der Mahlzeit folgt abermals ein Gebet. Und wieder versuche ich verzweifelt, die beiden frommen Mäuse aus ihrer Lethargie hervorzulocken. Vergeblich.

Im Zug nach Hause fühle ich mich niedergeschlagen und aufsässig zugleich. Ich will mich vom Totenreich freikämpfen, die Stadt verlassen, in der so viele Giebel ein memento mori sind. Ich will wieder eine Zukunft haben.

Energisch stürze ich mich in die Vorbereitungen für die Abschlußprüfung und gönne mir keine Zeit mehr für Spielereien. Sogar das Kino, das Vergnügen schlechthin, lockt mich nicht mehr, außer wenn Filme wie *Die rote Erde* gezeigt werden. Die Genugtuung, den dänischen Widerstand gegen die Deutschen zu sehen, möchte ich nicht versäumen.

Der Maimorgen ist von Sonne überflutet, aber im Prüfungssaal brennen die Deckenlampen. Einzeln kommen wir herein und suchen uns schweigend einen Platz. Gespannt sitzt jeder an seinem Tisch. Gegenseitige Hilfe ist ausgeschlossen.

Unter dem wachsamen Auge des Direktors zerbrechen die Lehrer die Siegel an den Paketen mit den Prüfungsaufgaben. In der Stille höre ich das Knistern des braunen Packpapiers. Der Direktor gibt uns mit sonorer Stimme die Zahl der Stunden bekannt, die wir zur Verfügung haben, und wünscht uns Erfolg. Drei Aufseher teilen die Aufgaben aus. Wie ein Läufer im Startblock warte ich auf mein Päckchen. Eilig überfliege ich die Seiten. Mein Herz klopft wie ein Vorschlaghammer. Eiskalte Panik kriecht mir am Rücken hoch. Ich lese nochmals. Fatalismus überkommt mich. Bis ich mir auf einmal klarmache, daß dem Examen nur eine sehr relative Bedeutung zukommt. Mein Leben ist nicht mehr bedroht. Die Angst von damals, nackt in der Reihe vor den selektierenden SS-Ärzten, ist nicht die Angst von heute. Die Fragen werden deutlicher. Noch einmal lese ich sie durch. Der Nebel zieht hoch, und ich schreibe ohne Unterbrechung. Noch bevor die Glocke läutet, liefere ich die Blätter ab. Mein Selbstvertrauen ist wieder hergestellt.

Die mündliche Prüfung hat für mich einen Beiklang von Kreuzverhör. Mein Verstand versichert mir, das sei unsinnig, doch mein Gefühl läßt sich nur schwer überzeugen.

Der Erfolg des ersten Examens verjagt den Schatten von Stacheldraht. Der Lehrer und der Beauftragte der staatlichen Prüfungskommission legen mir keinen Stein in den Weg. Die Prüfer sind hilfsbereit, ihre Fragen sachlich. Von Kreuzverhör ist nicht die Rede. Ich antworte ohne Zögern. Allmählich wird mir bewußt, daß ich mich in der Nachkriegswelt zu behaupten vermag.

In der Aula der Schule stehen wir, die erfolgreichen Absolventen. Der feierliche Augenblick versiegelt einigen von uns den Mund, andere flüstern aufgeregt mit Verwandten und Bekannten. Mein Vormund und seine Frau nicken aufmunternd zu mir herüber.

Ich vermisse ein paar Freunde. Sie haben die enttäuschende Nachricht ihres Scheiterns schon tags zuvor auf der Türmatte gefunden. Daß mein treuer Geselle, der so manches Mal für mich in die Bresche gesprungen ist, fehlt, stimmt mich traurig.

Herr Koers verweist in seiner Rede auf die schwere Kriegszeit, die die Schule durchgemacht hat, auf die Treue der Lehrer und Schüler, die durch ihre Leistungen mithelfen, eine bessere Zukunft zu bauen. Anerkennend erwähnt er einen Mitschüler mit indonesischer Lagervergangenheit, und dann mich. Seine Würdigung unseres Durchhaltevermögens erfüllt mich zwar mit Stolz, doch ich will nicht wieder zum Außenseiter abgestempelt werden.

Auf drei flachen Bauernwagen, gezogen von schweren Brauereipferden mit peitschenden Schwänzen, sitzen wir und grölen Studentenlieder, von denen wir zwar die Melodie, aber nicht den Text kennen. Die Bürger von Apeldoorn stehen in ihren Vorgärten und sehen dem Aufzug verwundert zu. Vor der Polizeiwache winken ein paar Polizisten. Ich winke nicht zurück.

Gerhard L. Durlacher

»Tetralogie des Erinnerns«

Das literarische Werk

Aus dem Niederländischen übersetzt von Maria Csollány

»Wenige haben die nationalsozialistischen Todeslager überlebt – um so kostbarer sind deren Erinnerungen ... Mit Ruth Klüger, Cordelia Edvardsson oder Imre Kertesz gehört Durlacher zu jener Generation von Auschwitz-Zeugen, die das Unvorstellbare berichten wollen.« Zürichsee-Zeitung

Ertrinken
Eine Kindheit im Dritten Reich
gebunden mit Schutzumschlag
88 Seiten
ISBN 3-434-50023-5

Die Suche
Bericht über den Tod und das Überleben
gebunden mit Schutzumschlag
240 Seiten
ISBN 3-434-50025-1

Streifen am Himmel
Vom Anfang und Ende einer Reise
gebunden mit Schutzumschlag
100 Seiten
ISBN 3-434-50024-3

Wunderbare Menschen
Geschichten aus der Freiheit
gebunden mit Schutzumschlag
96 Seiten
ISBN 3-434-50425-7

EUROPÄISCHE VERLAGSANSTALT · ROTBUCH VERLAG

Jüdisches Leben
Jüdische Geschichte

Dan Bar-On
Furcht und Hoffnung
Von den Überlebenden zu den Enkeln
Drei Generationen des Holocaust
Aus dem Amerikanischen
von Anne Vonderstein
ISBN 3-434-50420-6

Judith Laikin Elkin
150 Jahre Einsamkeit
Geschichte der Juden in Lateinamerika
Aus dem Amerikanischen
von Michael Benthack
Mit zahlreichen Abbildungen
ISBN 3-434-50093-6

Nahum Goldmann
Das jüdische Paradox
Zionismus und Judentum nach Hitler
Aus dem Französischen
von Michael R. Lang
ISBN 3-434-50007-3

Zygmunt Bauman
Dialektik der Ordnung
Die Moderne und der Holocaust
Aus dem Englischen von Uwe Ahrens
ISBN 3-434-50015-4

Ernst Loewy
Zwischen den Stühlen
Essays und Autobiographisches
Mit einem Vorwort des Autors
und mit Anmerkungen und einem
Nachwort von Felix Schneider
ISBN 3-434-50055-3

André Neher
Jüdische Identität
Einführung in den Judaismus
Aus dem Französischen
von Holger Fock
Mit einem Nachwort zur deutschen
Ausgabe von Rudolf Pfisterer
ISBN 3-434-50074-X

Michael Koglin
Jüdisches Hamburg
Spaziergänge
Mit zahlreichen Abbildungen
ISBN 3-434-50405-2

Angelika Ebbinghaus/
Karsten Linne (Hrsg.)
Kein abgeschlossenes Kapitel: Hamburg im »Dritten Reich«
ISBN 3-434-52006-6

Jörg Hackeschmidt
Von Kurt Blumenfeld zu Norbert Elias
Die Erfindung einer jüdischen Nation
Mit Abbildungen
ISBN 3-434-52004-X

Nürnberger
Menschenrechtszentrum (Hrsg.)
Nach Nürnberg
Menschenrechtsverletzungen vor Gericht
Zur Aktualität der Nürnberger Prozesse
ISBN 3-434-50403-6

EUROPÄISCHE VERLAGSANSTALT · ROTBUCH VERLAG